MÉMOIRE

SUR

M. DE TALLEYRAND

SA VIE PUBLIQUE ET SA VIE PRIVÉE,

SUIVI

DE LA RELATION AUTHENTIQUE DE SES DERNIERS MOMENS ET
D'UNE APPRÉCIATION PHRÉNOLOGIQUE SUR LE CRANE DE CE
PERSONNAGE CÉLÈBRE, FAITE PEU D'HEURES APRÈS SA MORT,

PAR

CH. PLACE ET J. FLORENS,

RÉDACTEURS EN CHEF DU JOURNAL LA PHRÉNOLOGIE.

Avec la copie du plâtre moulé sur nature et le plan phrénologique
de la tête.

___

Prix : 1 Francs.

___

PARIS,

CHEZ L'ÉDITEUR, RUE JACOB, 48,

ET CHEZ TOUS LES LIBRAIRES DE PARIS ET DE LA PROVINCE.

1838

MÉMOIRE

SUR

M. DE TALLEYRAND.

Imprimerie de A. BELIN et Comp., rue Ste-Anne, 55.

MÉMOIRE

SUR

M. DE TALLEYRAND:

SA VIE POLITIQUE ET SA VIE INTIME,

SUIVI

DE LA RELATION AUTHENTIQUE DE SES DERNIERS MOMENS ET
D'UNE APPRÉCIATION PHRÉNOLOGIQUE SUR LE CRANE DE CE
PERSONNAGE CÉLÈBRE, FAITE PEU D'HEURES APRÈS SA MORT,

PAR

CH. PLACE ET J. FLORENS,

RÉDACTEURS EN CHEF DU JOURNAL LA PHRÉNOLOGIE.

PARIS,

AU BUREAU DE LA GAZETTE DES FAMILLES ET DU PARIS ÉLÉGANT,

RUE JACOB, 48,

ET CHEZ TOUS LES LIBRAIRES DE PARIS ET LA PROVINCE.

1838

PRÉFACE

Ecrire la vie d'un homme quand la tombe
est à peine fermée sur lui, et alors que le jugement des contemporains se formule en admiration ou haine est une tâche aussi diffi-

cile que dangereuse ; mais il est, avant tout, un devoir à remplir, un guide sûr qui dirige bien, l'impartialité. Ce que fera l'histoire nous avons essayé de le faire. Nous avons passé à travers les luttes des passions ; d'enthousiasme en enthousiasme et de désenchantemens en désenchantemens, il nous est resté la froide analyse ; dissection exacte et minutieuse qui pèse chaque individu comme chaque principe et ne laisse dans les convictions qu'une appréciation positive mais réelle. Cette manière de voir devance les jugemens de l'avenir ; car celui qui, en vivant au milieu du monde actuel, dont une partie lance l'anathème, l'autre le sarcasme, l'autre enfin distribue la louange, peut résumer ces diverses manifestations ; celui-là pourra tracer un portrait que la postérité ne désavouera pas, elle qui juge aussi sans passion et surtout par déduction comparative. D'ailleurs, nous avions un double devoir à remplir, le progrès de la science à laquelle nos convictions sont acquises, et nous qui cherchons dans ses vérités la loi nouvelle qui réglementera le monde en travail de réforme, nous aurions manqué à cette force incessante qui nous montre, dans l'étude assidue, la réforme et l'amélioration;

M. de Talleyrand a été une de ces organisations d'exception, qui, en petit nombre, restent de tout un siècle dans les siècles à venir. Il est de ces hommes qui résument par leurs actes, leurs pensées et leurs habitudes, tout un temps avec ses mœurs, sa politique. L'attention des hommes est fixée sur ces individualités qui elles seules renverseraient ce qui ne serait qu'hypothèses, si elles ne confirmaient pas de nombreux précédens

par une nouvelle affirmation irrécusable. Si
la phrénologie avait menti sur M. de Talleyrand, elle serait à refaire; car une erreur aussi
grande détruirait une partie sinon le tout.
Il n'en est pas ainsi; nous pouvons donc, en
toute assurance, publier le travail que nous
avons terminé. Il fut un temps où les idées
religieuses portaient les peuples à conserver,
pour une continuelle vénération, les dépouilles de leurs aïeux, et ceux-là mêmes
qui préparaient ces précieux gages étaient
en abomination, et exécutaient leur œuvre
dans le silence et dans l'ombre. Il faut, de
nos jours, le zèle scientifique pour accomplir
la triste mission de scalper l'homme sur lequel la destruction va s'étendre, en même
temps que d'analyser une à une ses pensées
connues, ses actes publics ou sa vie privée.
C'est pourtant dans l'accomplissement de ce

travail, sanctifié par l'amour du progrès, qu'est assuré l'avenir des hommes, puisque la tombe peut encore s'ouvrir pour révéler aux générations étonnées de mystérieuses actions qu'un silence profond aurait ensevelies avec le cadavre. Les Annales de la science sont là pour attester ce que nous énonçons.

Nous avons envisagé, dans M. de Talleyrand, deux actions : la vie politique et la vie intime, et en effet, c'est ainsi qu'il faut examiner ceux dont le destin a été d'être appelés dans les débats des nations, car leurs actes ont dominé le sort de leurs contemporains et leur avis ou leur valeur, ont souvent apporté le deuil, ou ont ouvert les cœurs à la joie.

On pourrait dire : l'âme juge l'homme public; le cœur, l'homme intime. Pour nous, nous réunissons ces deux façons et nous pensons qu'il ne doit pas y avoir deux manières d'être; que l'amour de la patrie doit suivre l'amitié des individus, et que celui qui sera affectueux pour les siens, devrait l'être pour tous. La vie de M. de Talleyrand est une longue histoire habilement intriguée; expression parfaite du sensualisme, tantôt drame, tantôt comédie. Ici, nouvelles de boudoir; là, secrets de cabinets diplomatiques. Mais un seul homme était capable d'écrire cette histoire, ou ce roman, et cet homme est dans la tombe! Le meilleur historien de M. de Talleyrand sera M. de Talleyrand lui-même; aussi, annonce-t-on ses mémoires comme certains et nous savons nous-mêmes qu'ils existent.

L'un de nous, appelé près du corps de cet homme célèbre, afin de compléter l'opération qu'une piété de famille pense nécessaire, en perpétuant ainsi une illusion qui garde la forme à celui qu'elle a aimé, a pu non-seulement prendre pour la science les empreintes authentiques qui resteront pour sa confirmation, mais pénétrer aussi dans l'intérieur qui peint les mœurs de l'homme et au milieu des siens dont les formes et les allures sont les reflets de ses pensées ou de ses manières. Il a pu, en entendant au-dehors les jugemens du peuple, voir au-dedans sa mémoire bénie, et les regrets affectueux ; aussi a-t-il pensé qu'il devait, en montrant avec impartialité la vie politique de l'homme si diversement jugé, faire connaître les relations intimes que le public aurait sans doute bien long-temps méconnues : il a pensé qu'en toute chose justice doit être faite, comme toute vérité dite.

Appartenant à une nouvelle école qui a

pour principe la vérité et pour but le progrès, nous cherchons cette vérité, non pas
dans les choses variables, non pas dans les
théories plus ou moins savantes, mais dans
les faits constans de la nature, dans l'organisation de l'homme, et le progrès doit résulter de cette connaissance intime de l'individu. Notre œuvre sera critiquée: aux uns,
elle paraîtra naïve peut-être, modérée surtout; aux autres, sévère et hostile; ni les uns
ni les autres ne diront juste. La vérité peut
déplaire à tous, nous ne la dirons pas moins
à tout le monde, persuadés que, tôt ou tard,
elle deviendra le pivot de l'organisation sociale : *la vérité,* c'est le progrès ; *le mensonge,*
c'est l'esclavage !

CHAPITRE PREMIER.

La Béquille d'Asmodée.

A ce sourire sardonique, à ce regard caustique et curieux, et surtout à ce pied fourchu soutenant mal un corps que le temps a respecté, qui ne reconnaîtrait le démon sorti d'une prison de verre pour l'instruction du jeune don Cléophas. En effet, le monde a posé devant M. de Talleyrand, et son œil habilement exercé a su dénuder les vices des nations, afin que son esprit en utilisât les travers. Semblable à Asmodée, il sillonna le monde, traînant, accroché à son manteau, les rois qui se faisaient petits à sa suite, et chaque dôme sur lequel il s'est reposé a été le centre d'où tiraillait cette artillerie de bons mots dont lui seul fut l'arsenal vivant. Il est de ces hommes qui parlent peu, mais qui disent bien, et qui acquièrent ainsi le dangereux privilége d'accaparer pour leur responsabilité toutes les médisances plus ou moins bonnes qu'il plaît aux uns de débiter. Toujours est-il qu'il eut le don de formuler constamment en axiôme les pensées dont il avait mûrement pesé la portée, les révélant d'une coquette pelisse à reflets chatoyans, et surtout à couleurs changeantes. M. de Talleyrand fut essentiellement l'expression de l'école à laquelle il appartint, le mot ; sensualiste par ex-

cellence, il savait tout ramener à cette puissance de l'intuition qui crée des mondes inté-
rieurs d'autant plus exquis qu'ils se prêtent
plus volontiers à la volonté immuable. Coquet
dans la forme et coquet dans la pensée, il em-
pruntait aux parfums les plus exquis l'ambre
qui entourait sa personne, et il demandait au
langage le plus choisi, les plus riches paroles,
afin que la sienne fût aussi aristocratique
que l'était son vouloir. Ce goût de domination
ne l'emportait pas à ce point qu'il ne sût
modifier, sinon sa volonté réelle, au moins
sa volonté présente à l'exigence des autres
époques; son mérite consistait à venir essentiellement à temps. Il y a des génies qui ont
le malheur d'arriver avant le siècle qui les
jugerait et qui, par cela, périssent frappés de
stérilité; celui-là sonnait à la porte quand
il savait qu'on allait ouvrir, sûr toujours d'ê-
tre le bien-venu, car il est le type de l'actualité, vivant de nouveautés, et gardant de
chacune quelque chose, afin que la somme

se grossisse et enrichisse le maître. Indifférent sur le milieu dans lequel il était
placé, il en prenait avant tout les allures, et
souvent les intérêts. Abbé coquet, il n'a du
prêtre que l'habit, mais il emprunte au
monde les couleurs vermeilles, le dire amou-
reux ; prêtre républicain, il vient sacrifier sur
l'autel de la patrie les priviléges de l'autel
de Rome, et sa parole, qui prend non pas le
ton de la passion mais l'accent de la per-
suasion, fait jeter les argenteries de l'église
dans la fonte des monnaies. Plus il avance
dans la vie, plus il sécularise ses habitudes,
et contraire en tout aux choses faites et dites,
il ne veut pas qu'il soit écrit de lui : quand le
diable devient vieux, il se fait ermite ; car
l'atmosphère qu'il lui faut est celle qui enva-
hit les palais et les capitales, non pas qu'il
aime à se mêler dans la foule dorée, mais,
parce que semblable à l'abeille, il fait son
miel du suc des plus belles fleurs. Il est trop
habile pour être passionné, et ses colères sont

des bons mots; il dissèque chaque idée, dépouille chaque enthousiasme, analyse toute gloire, et met à nu avec une satisfaction sceptique la nullité qui se cachait sous le fatras ou des grands mots ou des grands bruits. Il n'est courtisan qu'à demi, et répond à Louis xviii qui voulait l'éloigner, et qui pour cela lui vantait les frais ombrages de Valençai et l'allée de tilleuls dont le dôme verdoyant est un abri contre le soleil : « Sire, elle a perdu ce privilége depuis que Ferdinand vii a brûlé mes arbres aux fêtes impériales. »

Adroit à cacher son intention, il brille principalement par ses restrictions, et son silence a encore une éloquence qui indique et qui ne trahit pas. Il personnifie l'équilibre, car on pourrait le représenter une balance ou un niveau à la main, incessamment occupé à tenir en égalité les deux bassins, ou à maintenir la perpendiculaire, semblable toujours à Asmodée, ce bon diable couleur de rose. Il montre tout le mal, mais ne fait pas le bien,

2

seulement ses leçons restent; et s'il n'a pas le mérite d'être une vertu, on ne peut pas dire qu'il soit un vice. Il gouverne les hommes, non pas avec un sceptre d'or, mais il s'appuie sur sa béquille, dont les coups seraient terribles aux nations, s'il n'adoucissait les vengeances de ses mandataires par quelques concessions qu'il juge utiles et qui rentrent essentiellement dans sa disposition aux rapprochemens. Il est un de ces hommes résumant trop bien leur siècle, dont chaque période les a vus agir, qui doivent passer à la postérité et dans l'histoire, et auxquels leurs contemporains peuvent souhaiter, comme les hommes d'autrefois à la reine Frédégonde : Enfer et Paradis.

CHAPITRE II.

Début politique de M. de Talleyrand.

Necker et Calonne avaient inutilement épuisé toutes les ressources de leur esprit pour rétablir l'état désespérant du trésor. Un espèce de conseil, réuni sous le nom d'*assemblée des notables*, afin de combler le déficit, motif de tant de troubles, fut convoqué en 1787; l'abbé de Périgord en faisait partie.

A l'âge de 26 ans, il était agent général du clergé. Evêque d'Autun lorsque la révolution de 1789 éclata, il fut élu député aux Etats-généraux par le bailliage de son diocèse : l'abbé de Périgord se fit bientôt remarquer par le radicalisme de ses opinions. Il nous sera difficile de le suivre avec détail dans toutes les phases de sa vie politique : mêlé depuis un demi-siècle aux affaires de l'Europe, l'histoire de M. de Talleyrand serait l'histoire secrète de notre époque; pour faire ce travail, il faudrait des volumes et toute la science malicieuse de ce héros.

Le 5 mai 1789, les Etats-généraux tinrent leur première séance. Le roi, la reine, les ministres, les ordres privilégiés entrèrent par la porte d'honneur; les députés du *tiers-état* furent introduits par le petit perron. Le discours du roi était simple; il promettait des réformes. Necker n'osa pas aborder la question qui occupait tous les esprits, et la guerre s'alluma le jour même entre les trois ordres. Il s'agissait de la vérification des pouvoirs, qui, dans une assemblée délibérante, doit être faite en présence de tous les membres qui la composent. La noblesse et le clergé avaient commencé dans leurs chambres respectives cette même vérification; les députés du tiers réunis déclarèrent vouloir les attendre, et n'avoir pas le droit de procéder à aucune opération sans eux. Plusieurs jours se passèrent ainsi. La noblesse agissait avec arrogance et dédain, le clergé, plus prudent ou plus habile, attendait et proposait des conférences conciliatoires. Mais un tel état de choses ne pouvait pas durer: le 10 juin, l'abbé Sieyes proposa de tenter un dernier effort auprès du clergé, et de se constituer ensuite sns attendre aucun autre délai. « Nous sommes les représentans de 25 *millions d'hommes*, dit-il; de quel droit les députés présumés de quelques bailliages pourraient-ils entraver nos travaux? Dans une assemblée délibérante, la majorité décide. » Cette motion fut vivement applaudie. Des députés furent en- voyés aux autres ordres pour les inviter à une prompte réunion. Le tiers-état se constitua sous le titre d'ASSEMBLÉE NATIONALE, et devint l'arbitre des destinées de la France.

Le clergé délibéra sur le parti qu'il avait à prendre, et le 17 juin, l'abbé de Périgord vota pour la réunion aux communes. Une députa- tion du clergé vint apporter à l'assemblée na- tionale l'état de la délibération, et le 2 juillet suivant, M. de Talleyrand fut nommé en pre- mière ligne l'un des huit membres du comité de constitution. Peu de jours après, la Bastille fut prise: Talleyrand fit partie de la députa- tion chargée d'apprendre ce grand événement à l'assemblée constituante.

La révolution française était commencée. Fallait-il l'aider ou la combattre? Questions inutiles. Le peuple était debout, il venait de faire acte de sa toute-puissance. Il s'agissait de régler les conséquences de la journée du

14 juillet; il fallait commencer la régénération de l'Etat par la réforme des institutions qui blessaient profondément le plus le peuple. L'abbé de Périgord propose l'abolition des dîmes du clergé, et demande qu'il soit déclaré que ce vote a été unanime. Quelques jours plus tard, il appuya chaleureusement la motion de décréter l'impôt proportionnel, le droit des communes de racheter en argent leurs services féodaux, l'abolition, des corvées seigneuriales, des mains-mortes, ainsi que du droit de chasse.

L'abbé de Périgord triompha lors de la discussion des droits de l'homme et du citoyen. La rédaction qu'il en présenta réunit tous les suffrages à la première lecture : *La loi étant l'expression de la volonté générale,* disait-il, *tous les citoyens doivent concourir personnellement ou par représentation à sa formation.* Nous ne savons pas si M. de Talleyrand a conservé jusqu'au bout la foi dans les principes qu'il professait en 1789. Peut-être se sera-t-il appliqué à lui-même le conseil qu'il donnait plus tard à un jeune homme plein de dévouement qui venait lui soumettre ses premières idées ! *Jeune homme, défiez-vous du premier élan de votre cœur, car il est bon.*

Le début de l'abbé de Périgord dans la carrière parlementaire lui donna de la popularité. Après la dissolution du premier comité de constitution, il fut nommé membre du second. Il prit encore l'initiative dans les mesures les plus importantes de l'assemblée; il présenta un rapport et un projet de décret sur l'application des biens du clergé au soulagement du trésor public. Sourd aux vaines réclamations de ce corps, et particulièrement à celles des prêtres du diocèse d'Autun, qui étaient loin de partager les opinions de leur évêque, et qui écrivirent à l'assemblée pour désavouer les principes qu'il avait émis en cette circonstance, M. de Talleyrand était trop adroit pour changer sitôt sa marche.

Son zèle patriotique, loin de s'attiédir, sembla puiser un nouvel excitant dans l'opposition qu'on lui faisait ; bientôt, de concert avec M. de Juigné, archevêque de Paris, *il se rendit l'organe du clergé*, en proposant de soutenir l'Etat par la portion de l'argenterie qui n'était pas nécessaire à la décence du culte divin. (On évaluait à 140 millions l'argenterie entassée dans les églises). L'assemblée accepta l'offre faite par messieurs du clergé.

L'évêque d'Autun ne se borna pas à faire retentir la tribune de ses théories. Il avait obtenu le décret sur les biens du clergé; il se hâta d'en requérir l'application, qui fut votée malgré l'opposition de l'abbé Maury et de Cazalès.

Vers la fin de 1790, les juifs regnicoles de Bayonne et de Bordeaux donnèrent lieu à la question de savoir si les individus de cette nation seraient considérés comme citoyens actifs : ces juifs avaient été naturalisés en 1550. L'évêque d'Autun, rapporteur de cette affaire, conclut en leur faveur, et fit décréter que ceux qui réuniraient les conditions pour être électeurs ou éligibles, seraient admis dans toutes les prochaines assemblées.

L'abbé de Périgord paraissait marcher d'un pas ferme dans la voie des réformations; il était l'un des membres les plus actifs de l'assemblée constituante. Il proposa une adresse de pacification aux provinces agitées par la réaction. Cette adresse, qui était son ouvrage, fut approuvée dans le sein de l'assemblée et au dehors: comme preuve de la satisfaction de ses collègues, il fut élu président le 16 avril 1790.

Bailly avait proposé de célébrer d'une manière solennelle le pacte fédératif de la France. Cette proposition fut accueillie et renvoyée au comité de constitution. L'évêque d'Autun en fut nommé rapporteur. De tous les points du territoire, des députés arrivèrent, députés nommés par le peuple et les soldats pour venir accepter et jurer la constitution. L'autel de la patrie fut élevé au Champ-de-Mars. La municipalité de Paris pressait les travaux, les jeunes gens du bon ton et les élégantes de la capitale venaient se mêler au peuple des faubourgs pour traîner la brouette. Le 14 juillet arriva, c'était le jour de la FÉDÉRATION NATIONALE. L'évêque d'Autun officia pontificalement, assisté des abbés Louis et Desrenaudes ; il reçut les sermens de l'assemblée, du peuple, des fédérés, du monarque et de la reine.

Dans cette solennité magnifique qui consacrait le premier jour de la liberté française, et qui eût cimenté le bonheur du pays, si la plupart des acteurs eussent été de bonne foi, l'abbé de Périgord ne sut point s'élever dans sa propre pensée. En montant les degrés de l'autel, il se retourna vers Lafayette, commandant de la garde nationale, placé à peu de distance, *Ah ça, je vous en prie, ne me faites pas rire*, lui dit-il. Voilà le premier mot de la longue comédie que ce personnage a jouée dans les affaires du monde. Néanmoins, la cérémonie fut grave, et M. de Périgord reçut, sans rire, ces milliers de sermens auxquels nul ne resta fidèle.

Durant toute cette année, M. de Talleyrand ne cessa de travailler activement avec ses collègues. Il s'occupa surtout de matières financières dans lesquelles il s'était déjà fait remarquer.

L'un des premiers, il prêta serment d'obéissance à la constitution civile du clergé, et se hâta, par une adresse du 29 décembre 1790, d'en instruire les ecclésiastiques de son diocèse, les invitant à suivre son exemple. Assisté de MM. Gobel et Mirondot, évêques de Lydda et de Babylone, il sacra les premiers évêques constitutionnels, et cette démarche ayant été formellement improuvée par le pape Pie VII, M. de Talleyrand fut frappé d'un décret d'excommunication. Comme il se laissait rarement surprendre par les événemens, deux jours auparavant, il avait donné sa démission de l'évêché d'Autun.

Au mois de mars 1791, il fut élu membre

du Directoire du département de Paris. Il fi-
gura à l'installation du nouvel évêque consti-
tionnel de cette ville, non plus comme ecclésiastique, mais comme administrateur du
département.

Un mois plus tard, la France perdit son plus
grand orateur, *la plus forte tête de France*,
comme disait Mirabeau mourant. M. de Talleyrand fut appelé auprès de lui : Mirabeau lui
légua l'honneur de lire à l'assemblée son travail sur *le droit de tester*. Il sera plaisant,
lui dit-il, d'entendre les morts parler contre
les testamens. Cette mission fut remplie le
jour même de sa mort, au milieu du silence et
de la douleur de l'assemblée.

M. de Talleyrand fut nommé à la place que
Mirabeau laissait vacante dans le Directoire du
département; il se trouva ainsi immiscé dans
la haute administration de la capitale, et dans
l'une comme dans l'autre de ces assemblées, il
exerça long-temps une haute influence.

La constituante venait de se retirer pour

faire place à l'assemblée législative. Nous ne dirons pas les nombreux rapports qui signalèrent M. de Talleyrand à cette législature, mais nous ne saurions passer sous silence son projet d'éducation publique et nationale qu'il soumit et discuta, sa proposition de fonder un institut des sciences et des arts. Ce travail, empreint de vues éminemment philosophiques, est ce que nous avons de plus lumineux sur cette importante question. Disons, en passant, que ces divers rapports étaient signalés pour être l'ouvrage de l'abbé Bourlier, de l'abbé Desrenaudes, et plus tard de M. d'Hauterive.

La session de l'assemblée nationale terminée, M. de Talleyrand fit plusieurs voyages en Angleterre pour y sonder l'esprit public. Il eut diverses entrevues avec Pitt, Fox, et autres personnages importans. Louis XVI enfin le chargea d'accompagner M. de Chauvelin qui venait d'être nommé ambassadeur de France près la cour de Londres. On ne sait pas au

juste quelle fut la mission de M. de Talleyrand
dans cette circonstance. Quoi qu'il en soit, il
ne fut pas heureux dans son voyage : les émigrés d'Angleterre le signalaient comme un
émissaire des Jacobins, en même temps que les
Jacobins de France, le décrétaient d'accusation
comme un émissaire de la cour. M. de Talleyrand voulut se justifier, mais la convention fût
peu touchée des protestations patriotiques de
l'ex-évêque d'Autun, et le 8 avril, il fut offi-
ciellement compris dans la liste des émigrés.
Dès-lors, il fixa son séjour en Angleterre, cher-
chant à arranger sa position; mais partout on
le désignait comme un agent des Jacobins et
le gouvernement anglais lui intima l'ordre de
quitter les îles britanniques sous vingt-quatre
heures. Il s'embarqua pour les Etats-Unis, où il
s'occupa d'opérations commerciales.

Cette courte période, si grande pour la France,
si pleine d'événemens, peut être regardée
comme formant la première page de la vie politique de M. de Talleyrand. Grand seigneur

de l'ancien régime, né pour être gentilhomme de cour, on l'a vu se précipiter dans le mouvement révolutionnaire, se mettre à la tête des réformateurs, déchirer ses priviléges et prêter serment sur l'autel de la patrie. Lui, qui ne voulait pas rire à la face de la France, car ce rire aurait pu trahir sa pensée, il ne nous a pas dit s'il avait ri, dans son cœur, du serment prêté. Ce serment fut-il sérieux ou dérisoire? M. de Talleyrand avait-il déjà le pressentiment de ses évolutions politiques? C'est ce que la suite nous dira. N'anticipons pas sur les événemens, la route est longue, fixons le point de départ; nous verrons où nous sommes conduits.

CHAPITRE III.

———◆———

M. de Talleyrand républicain.

La république avait été proclamée et M. de
Talleyrand devait être républicain. Exilé aux
Etats-Unis, il épiait le moment favorable pour
rentrer en France. Aussi, dès qu'il eut reçu la
nouvelle de la mort de Robespierre, s'empressa-

t-il de faire présenter à la Convention, par l'abbé Desrenaudes, une pétition dans laquelle il sollicitait sa radiation de la liste des émigrés, s'appuyant sur LE ZÈLE FRANÇAIS QU'IL AVAIT TOUJOURS MONTRÉ POUR LA RÉPUBLIQUE. Mme de Staël recommanda la supplique de M. de Talleyrand auprès de Chenier, qui se chargea de plaider devant l'assemblée la cause de l'exilé. Il fit valoir surtout un mémoire dont on avait trouvé un double dans les papiers de Danton, et qui prouvait qu'en Angleterre, M. de Talleyrand était l'agent de la mairie de Paris. Legendre, Genissieux, Brival, Boissy, appuyèrent la proposition de Chenier; et la Convention rendit en 7bre 1795, un décret portant: *Considérant que le citoyen Talleyrand Périgord a puissamment contribué à la révolution par sa noble conduite comme citoyen et comme ecclésiastique, appréciant en outre les motifs qui l'ont éloigné du territoire, l'autorise à rentrer en France.*

Voici de plus comment, dans une brochure

publiée en l'an VII, chez le libraire Laban, palais Égalité, le citoyen Talleyrand formulait ses principes politiques :

« On dit que je ne suis qu'un constitution-
» nel de 1791, et on prétend que je n'offre point
» de garantie contre le renversement de la ré-
» publique.

» Étrange allégation ! Quand même on se
» refuserait à voir que les hommes poursuivis
» avec le plus de fureur par les contre-révolu-
» tionnaires quelconques sont indubitable-
» ment ceux qui ont travaillé les premiers à
» une constitution en France, puisque c'était
» là le premier pas et un pas immense vers la
» république ; quand on ne voudrait pas ré-
» fléchir que la plupart de ceux qui m'adres-
» sent cette bizarre injure) n'auraient eux-
» mêmes à se reprocher, dans le cas d'une
» contre-révolution, que quelques propos qui
» leur seraient si bien pardonnés ; quand enfin
» il ne serait pas vrai de dire qu'un patriote
» de 1789, qui n'a pas hésité à faire son ser-

» ment à la république, et qui l'a répété dans
» les circonstances les plus solennelles et les
» plus décisives, n'a aucune grâce à espérer
» d'un gouvernement français qui ne serait
» pas républicain, il sera incontestable, pour
» quiconque n'a pas fermé les yeux à toute
» lumière, que, dans l'effervescence où s'agi-
» tent les esprits, trois seules suppositions sont
» possibles : Ou bien la république s'affermira
» au milieu de tant de choses; ou nous serons
» abîmés dans la confusion, dans la destruction
» de tous les pouvoirs; ou la royauté reviendra
» nous asservir, mais avec un surcroît de rage
» et de tyrannie. Toute autre supposition est
» pour moi une chimère, et sans doute j'ai
» donné assez de garantie contre ces deux der-
» niers régimes. On sait assez le sort que l'un
» et l'autre me réservent et le genre de préfé-
» rence qu'ils m'accorderaient. Il est donc dé-
» montré, mille fois démontré, que je n'ai, que je
» ne puis avoir d'autre vœu que celui de l'affer-
» missement et de la gloire de la république. »

Aussitôt que M. de Talleyrand fut informé de la décision de la Convention à son égard, il s'embarqua pour revenir en Europe. Il se fixa d'abord à Hambourg, où s'étaient réfugiés les principaux débris de la faction d'Orléans. De Hambourg, il se rendit à Berlin, où il séjourna trois mois sous le nom de *citoyen Maurice* (seul nom que portât son passeport).

Arrivé à Paris, M. de Talleyrand se mit en rapport avec Barras, et renoua ses relations avec les républicains français. On le vit bientôt figurer parmi les fondateurs du Cercle constitutionnel qui s'établit à l'hôtel de Salm, à Paris, en 1797. Il y lut plusieurs mémoires, un notamment sur les avantages que procurerait à la république française l'établissement des colonies sur les côtes de l'Afrique. Il ne put parvenir néanmoins à inspirer à tous une entière confiance ; Carnot surtout avait grande répugnance à se rapprocher de lui.

N'ayant pu arriver d'emblée à conquérir la faveur des directeurs, il eut recours à de petits moyens. Il donna les mains au plan de Barras, de faire épouser madame de Beauharnais par le général Bonaparte. Ses conseils ayant été suivis de succès, il prit du même coup un grand ascendant sur l'esprit du directeur et sur la compagne de l'homme qui, par la conquête de l'Italie, devait se placer au rang des premiers capitaines.

Tout en faisant sa cour au Directoire et en s'immisçant dans les bonnes grâces de la maison du général Bonaparte, l'ex-évêque semblait prêter l'oreille aux propositions du comte de Provence (Louis xviii). Chenier, auquel il devait sa radiation de la liste des émigrés, devint son poursuivant acharné. M. de Talleyrand se justifia. Occupant sans cesse le public de sa personne, il acquérait par cela même une grande importance. Il fut bientôt nommé membre de l'Institut national, classe des sciences, morales et politiques; il en devint secrétaire, et il prononça en cette qualité un discours dans lequel il démontrait les avantages de la liberté et son influence sur le progrès des connaissances humaines. Il faisait valoir avec force les avantages du *gouvernement républicain.*

M. de Talleyrand paraissait se rallier de plus en plus aux principes républicains; Barras, son protecteur et son ami, le fit entrer dans le Directoire pour consommer la fameuse journée du 18 fructidor, cette journée d'un exemple fatal à la France, qui commença le régime militaire et détruisit toute possibilité de gouvernement constitutionnel. Peu après, au mois de messidor an v, Talleyrand fut nommé ministre des relations étrangères.

Les victoires de l'armée d'Italie venaient faire diversion aux agitations du dedans, Bonaparte s'était posé comme un guerrier hors de ligne par le traité de Campo-Formio, M. de Talleyrand, toujours attentif à la marche des événemens, pénétrant pour ainsi dire les mystères de l'avenir, avait deviné Bonaparte; aussi, depuis long-temps, était-il l'assidu courtisan du *général pacificateur,* auquel il offrait *son*

amitié, son admiration, son respect, sa recon-
naissance. Il était dans la destinée de M. de
Talleyrand de se trouver toujours à la tête des
idées dominantes sans en arborer la bannière.
Sans cesse poussé par le mouvement général,
il s'y attachait avec assez d'adresse pour l'exploiter au profit de sa position personnelle et
de l'intérêt général, quand il se trouvait d'ac-
cord avec ses calculs.

Le Directoire saisit l'occasion du traité de
Campo-Formio pour donner aux Parisiens une
double représentation d'apparat. M. de Talleyrand y joua son rôle; il présenta publiquement
aux directeurs Berthier et Monge, délégués de
Bonaparte, et il proclama de nouveau que *le
problème de la révolution française était résolu.*
Peu après, ce fut le général Bonaparte lui-
même que M. de Talleyrand présenta aux directeurs, et dans cette circonstance, Talleyrand et
Barras usèrent l'adulation, comme si Bonaparte
eût été sur le trône, où il monta sept ans après
jour pour jour.

Sa conduite et ses négociations avec les Etats-Unis d'Amérique rendaient M. de Talleyrand fort suspect. Il se vit bientôt attaqué de toute part. La presse tout entière se leva contre lui ; il donna des explications, il publia une brochure ayant pour titre : *Eclaircissemens donnés par le citoyen Talleyrand à ses concitoyens.* Ces explications n'éclaircirent rien, et il en devait être ainsi, en vertu du précepte de cet homme, qui a dit *que la parole avait été donnée à l'homme* pour déguiser sa pensée. Le citoyen Talleyrand fut contraint de donner sa démission.

Les attaques continuèrent. Dénoncé à la tribune des Jacobins par un nommé Muquet, à la tribune des cinq cents par Briot, Lucien Bonaparte, qui se plaignit que *le nom de Talleyrand, attaché à toutes les conspirations, se retrouvât partout* ; par Quatremètre Disjonval, qui écrivit contre lui ; par Briot, qui mit en relief sa conduite en Angleterre et la compara à celle de son oncle, archevêque de

Reims, le républicain Talleyrand fut obligé de battre en retraite. Par une combinaison non moins habile que celle qui, dans d'autres momens, le portait à se mettre à la tête du mouvement, il appliqua tous ses soins à ne pas faire parler de lui. Il sentait toute l'irritation de l'esprit public; il chercha à se faire oublier, pour n'être pas chassé du territoire, sachant bien que, pour devenir quelque chose, il faut être toujours là, encore que, selon sa maxime, *il ne se fût jamais pressé pour arriver.*

Voici deux époques de la vie de M. de Talleyrand qui se touchent par tous les points; elles ont un commencement, un milieu et une fin semblables. Arrivé à la Constituante, couvert de la soutane et de la poudre des salons royaux, il se pose de prime abord le champion de la réforme. Se séparant de son ordre, il vient voter l'abolition des dîmes, des priviléges, l'application des vases sacrés aux besoins de la patrie, la soumission du clergé à la constitution de l'Etat. Entraîné par la chaleur du mouvement, il est fait président de l'assemblée. La session terminée, il va jouer au plus fin avec les puissans de l'Angleterre. Georges iii et la reine l'accueillent avec défaveur. Il devient suspect à tous les partis; on l'accuse, il veut se justifier; la terre de France lui est interdite; il est chassé de l'Angleterre, il s'en va bouder aux Etats-Unis.

Le gouvernement républicain est établi, le citoyen Talleyrand revient plus républicain que Carnot. Il fait sa cour aux directeurs, il célèbre les avantages de la république, il attaque l'hérédité du trône, il devient membre du directoire, et peu après ministre des affaires étrangères. Sentant une nouvelle puissance qui s'élève, il se rapproche du maître. Mal conseillé par son ambition ou son intérêt, il s'est trop pressé, l'opinion publique le dénonce. Le citoyen publie des *éclaircissemens* qui ne sont pas clairs; et pour échapper à l'exil, il est obligé de s'effacer entièrement de la scène politique.

CHAPITRE IV.

M. de Talleyrand ..... entre deux selles.—
Son Mariage.

Bonaparte arrivait d'Egypte pour se faire
empereur ; mais avant de ceindre la couronne
qui devait couvrir toute l'Europe et lui échapper ensuite, il avait besoin de quelques pré-
cautions : il lui fallait d'abord être premier

consul. A peine M. de Talleyrand eut-il appris
le débarquement du général, qu'il laissa voir
l'idée d'un changement dans la forme du
gouvernement, et son esprit se tourna vers le
jeune capitaine que la fortune avait adopté.
L'opinion publique devenant lasse de tant d'a-
gitations, M. de Talleyrand put, sans trop de
danger, préparer les voies au projet de Bonaparte. Cependant la position était délicate pour
le négociateur ; il fallait craindre de donner
l'éveil par une coopération trop patente : Bonaparte devait-il réussir ou succomber dans
son entreprise?.. Le Directoire qui durait encore pouvait reprendre une nouvelle vie après
la défaite, et dans ce cas, la tête de M. de Talleyrand était fort compromise. Mais, politique
adroit et rusé, il sut servir Bonaparte sans des-
servir le Directoire. Il continua de fréquenter
les salons de madame de Staël, qui étaient le
centre d'une société brillante et éclairée, ai-
mant et voulant la république. Madame de
Staël, avec son magnifique talent, avec son

organisation, aimait cette forme de gouvernement, comme la plus belle lice de l'esprit hu-
main : elle était toujours attachée à la cause de
Barras, dont elle était loin de soupçonner la
chute si prochaine. M. de Talleyrand se rendait assiduement à ces réunions, y professait
les opinions républicaines, et par là détournait
l'attention de ses manœuvres. Bientôt une partie des conseils sont gagnés; Sieyes, autre
abbé dont l'esprit est vigoureusement trempé,
mais orgueilleux et avide, travaille activement
au succès, le coup d'état est décidé et la dernière heure de liberté va sonner pour la
France.

Le 18 brumaire est venu, Bonaparte s'em-
pare du pouvoir. La force des armes a été
l'instrument visible de cette révolution, mais,
M. de Talleyrand, par des préparations adroites,
par la combinaison de son esprit fertile en
ressources, en a été un artisan des plus actifs.
Bonaparte dut s'entourer de toutes les ambitions
qui l'avaient servi. Aussi, dès la première séance

que tinrent les consuls, Talleyrand fut appelé auprès d'eux. On lui offrit l'ambassade de Berlin, il refusa : il voulait mieux que cela. Il multiplie ses attentions et prévenances auprès du premier consul et de son épouse, et dès le 1er frimaire, le portefeuille des affaires étrangères lui fut de nouveau remis. Le jour de sa rentrée aux affaires, il fut reçu en audience particulière dans le cabinet de Bonaparte. Comme il connaissait les goûts du maître, il lui conseilla de concentrer sous sa surveillance, les ministères de l'intérieur, de la police, des relations extérieures, de la guerre et de la marine. Bonaparte ne se le fit pas dire deux fois : ce projet amenait l'*unité* d'action dans ses mains. Ses deux collègues ne résistèrent pas à son ascendant, Cambacérès et Lebrun furent absorbés par lui.

M. de Talleyrand s'associa à toutes les pensées secrètes du nouveau chef de la république : il devint l'ame de toutes les négociations. Celles qui s'entamèrent avec l'Autriche à Lunéville,

et qui furent suivies de la paix avec l'Angleterre à Amiens, et successivement avec toutes
les puissances, n'eurent pas d'autre agent que
lui. Cependant la fortune privée de M. de Talleyrand grossissait avec une rapidité sans exemple. Le premier consul l'interpella un jour
assez aigrement et lui dit : « A propos, citoyen
ministre, on vous dit fort riche : comment
cela se peut-il ? — Rien de plus simple, général : j'ai acheté des rentes la veille du 18 brumaire, et je les ai revendues le lendemain. »
Cette adroite saillie mit fin à la conversation.

M. de Talleyrand ne fut pas étranger aux travaux préparatoires qui amenèrent le concordat et la confection du Code civil. Dans la
question du concordat sa position était délicate et difficile ; il sut la tourner habilement
en prenant les devans vis-à-vis du pape. Il demanda et obtint à la cour de Rome un bref
qui le releva de son excommunication.

Aussitôt qu'il eut été rendu à la vie séculière,
Bonaparte qui avait dit, au commencement du

consulat : *Je veux que mon gouvernement soit un gouvernement honnête,* fit clairement entendre à son ministre des affaires étrangères, que, dans la position élevée qu'il occupait, il devait renoncer à vivre publiquement avec madame Grant, ou bien il fallait l'épouser. L'alternative était embarrassante, M. de Talleyrand élude quelques mois; mais, pressé par le premier consul dont il devinait les pensées et la gloire prochaine, il subit le sacrement du mariage, et la cérémonie se fit avec le moins de publicité possible.

Il est naturel de penser que madame de Talleyrand jouirait, après ce mariage, des prérogatives attachées à son nouvel état; mais il n'en fut pas ainsi : le premier consul lui interdit l'entrée de sa cour. Le ministre fit quelques plaintes, Bonaparte persista. Il y eut négociation, et il fut fait entre eux une convention éminemment politique. Il fut arrêté que *madame de Talleyrand aurait le droit de venir à la cour, à la condition qu'elle n'y viendrait pas; que seulement, afin de constater ce droit, elle y paraîtrait une seule fois.* Le traité fut rigoureusement observé de part et d'autre.

Après la paix de Lunéville, M. de Talleyrand jouit de la faveur la plus entière du premier consul. Il s'en servit pour terrasser Fouché, avec lequel il était en lutte depuis longtemps, et dont l'habileté rivale lui disputait un pouvoir secondaire. Le combat fut vif et acharné. La ruse, l'adresse, la fourberie, étaient les armes des deux adversaires. M. de Talleyrand eut long-temps le dessus. Fouché mit sous les yeux de Bonaparte la minute littérale d'un traité secret avec Paul 1er. Il espérait que cette pièce, qui n'avait pu être communiquée que par le ministre des relations extérieures, amènerait la disgrâce de M. de Talleyrand. Il fut trompé; on découvrit que cette minute avait été soustraite du cabinet où elle était déposée. Fouché fut vaincu, et pour compléter son triomphe, M. de Talley-

rand obtint l'abolition du ministère de la police. Ceci se passait en 1803. La France était
encore en république et déjà M. de Talleyrand avait fait entendre ces paroles si remarquables par la prescience de l'avenir : *Il n'y
a plus en Europe que la maison de Bourbon
et la maison d'Autriche; il faut épouser l'une
et écraser l'autre.*

CHAPITRE V.

————

M. de Talleyrand sous l'Empire.

Bonaparte venait d'être proclamé empereur:
M. de Talleyrand et ses amis recevaient à la
nouvelle cour la récompense de leurs services.
Cambacérès fut fait archichancelier, et Lebrun,
archi-trésorier. M. de Talleyrand fut nommé

grand-chambellan de l'empire, et le 5 juin 1806, il fut élevé à la dignité de grand-électeur et no......né prince de Bénévent. Je ne sais si M. de Talleyrand attachait grande importance à tous ces honneurs ou s'il voulait rire de la tournure que prenaient les choses ; mais, quand on vint le féliciter : *Passez chez madame de Talleyrand,* dit-il, *c'est à elle qu'il en faut faire compliment : les femmes sont toujours flattées d'être princesses.*

Forcé de reprendre les armes et de reporter la guerre au-delà du Rhin, Napoléon se fit accompagner par M. de Talleyrand comme par un témoin pacifique et capable, par les ressources de son savoir-faire, d'arrêter le combat entre les parties belligérantes.

Le traité de Tilsitt fut le dernier de cette époque que signa M. de Talleyrand. Là, fut interrompue sa carrière diplomatique. Le 9 avril 1807, M. de Champagny le remplaçait au ministère des affaires étrangères.

Quand Napoléon conçut le projet de placer

un membre de sa famille sur le trône d'Espagne, le prince de Bénévent parut condamner l'entreprise, prévoyant sans doute la conséquence fâcheuse qui en devait résulter. D'autres disent, au contraire, qu'il fut un des plus ardens promoteurs de cette guerre, et qu'elle avait été arrêtée entre lui et le prince de la Paix. Quoi qu'il en soit de ces conseils, M. de Talleyrand continuait à parler avec désapprobation de la guerre d'Espagne. L'opposition du prince irrita l'empereur, et les premiers revers de nos troupes, en augmentant cette irritation, décidèrent la disgrâce de l'ancien ministre.

De cet instant, M. de Talleyrand a une vengeance à tirer de Bonaparte. Les forces sont inégales; mais la ruse et les événemens viendront au secours du plus faible, il sera le plus fort : Napoléon ira mourir sur un rocher, et M. le prince de Talleyrand mourra dans son hôtel, visité par les rois et les puissans du jour.

Éloigné des affaires et du conseil impérial , sa maison, ses amis, sa personne, étaient livrés à un continuel espionnage, et on s'attendait, d'un instant à l'autre, à le voir arrêté. Instruit par ses disgrâces, excité par le besoin de sa propre conservation, il usait, de jour en jour, d'une plus grande circonspection. Tout en continuant à se tenir avec prudence dans le domaine de l'empire , il tendait tout doucement la main au duc de Lévis, au comte de Noailles, à M. Royer-Collard et autres correspondans de Louis XVIII. Il pénétrait furtivement dans le camp royaliste pour en sonder le terrain et s'y ménager une place en cas de besoin.

Pendant que nos immortelles phalanges , ayant Napoléon à leur tête , allaient affronter les glaces de la Russie, M. de Talleyrand continuait, à Paris, une opposition de saillies et de bons mots si nombreux et si faciles en vertu de son organisation. Lorsque le triste bulletin du désastre de Moscou parvint à l'impératrice, elle assembla près d'elle les dignitaires de l'empire. M. de Talleyrand, en qualité de vice-électeur, s'y rendit comme les autres. Au milieu de la douleur générale, il ne sut faire entendre que ces paroles tristement prophétiques, qui se répétèrent dans tous les cœurs comme un tintement de la cloche funèbre : *Enfin voilà le commencement de la fin.*

Et le commencement de la fin était arrivé. M. de Talleyrand écrivait à son oncle l'archevêque de Reims qui était auprès de Louis XVIII; il priait son parent de déposer son dévoûment aux pieds du roi. Louis XVIII, qui, comme il se plaisait à le dire, avait toujours étudié les hommes et les affaires de France, laissa échapper sa pensée en recevant la communication de l'ancien évêque d'Autun : *Dieu soit loué ! Bonaparte doit toucher à sa chute ; car je parie que, lorsque le Directoire fut près de la sienne, votre neveu écrivit dans les mêmes termes au vainqueur de l'Italie. Si vous lui répondez, marquez-lui que j'accepte l'augure de son bon souvenir.*

Bonaparte connut toutes les manœuvres de M. de Talleyrand. Aussi, à son retour de Mayence, l'apercevant à son premier lever, il lui dit d'un ton brusque : « Que venez-vous » faire ici ? me montrer votre ingratitude ? » Vous affectez de faire de l'opposition ; vous » croyez peut-être que, si je venais à manquer, » vous seriez chef d'un conseil de régence ? » Si j'étais dangereusement malade, je vous le » déclare, vous seriez mort avant moi. »

Dans cette circonstance si difficile, M. de Talleyrand, conserva son aplomb ordinaire, il répondit avec ce calme sardonique qui le caractérise si bien : « Sire, je n'avais pas besoin d'un pareil avertissement pour adresser au Ciel des vœux bien ardens pour la conservation des jours de Votre Majesté. » Bonaparte eut la faiblesse de rappeler auprès de lui M. de Talleyrand. Il voulut lui remettre le portefeuille des affaires étrangères, à la condition qu'il se démettrait de sa dignité de vice-grand électeur; M. de Talleyrand refusa. Il était trop tard du reste, la trame était ourdie; le prince de Talleyrand, lui-même, n'aurait pu s'opposer à l'accomplissement des destinées qu'il avait préparées, secondé par le mauvais génie qui entraîna l'empereur dans ses dernières expéditions. On était en 1813. La conspiration de Mallet avait aussi porté ses fruits. Pour la première fois depuis le commencement de l'empire, on fit entendre ces mots oubliés: *liberté, république.* .

Une coalition européenne avait été formée contre la France; Bonaparte allait défendre son trône et nos frontières. Avant de s'éloigner de Paris, il créa un conseil de régence dont il donna la présidence, avec le titre de régente, à l'impératrice Marie Louise. Il eut l'imprudence d'appeler dans ce conseil M. de Talleyrand, qui conspirait ouvertement contre lui. Le prince de Talleyrand, conseiller de Marie Louise, fut de l'avis émis dans le conseil de transférer le siége du gouvernement à Blois. La présence de la famille impériale à Paris eût pu faire échouer ses projets; il fut assez adroit pour l'éloigner sans être du voyage.

Les désastres se multipliaient de toutes parts; M. de Talleyrand préparait son hôtel pour y recevoir les rois ennemis. L'année 1814, de désastreuse mémoire, commençait sous ces sinistres auspices. A mesure que l'invasion pénétrait le sol de la France, la trahison semblait se multiplier. Murat, oubliant ce qu'il devait à la patrie et à son beau-frère, se joignit aux coalisés et leur assura la conquête de l'Italie. Hier, la veuve de Murat demandait à la France une pension de cent mille francs et la France accordait la pension, non pas à la veuve de Murat, mais à la sœur de Napoléon.

Les plaines de Montmirail, Montereau, Troyes, Brienne, s'illuminaient aux derniers beaux jours de l'aigle impériale; le vieux républicain Carnot, le contempteur du prince de Talleyrand, allait s'enfermer dans les murs d'Anvers; la jeunesse parisienne, les soldats de l'école Polytechnique campaient sur les buttes Saint-Chaumont et Montmartre; mais la trahison est plus forte que tous les dévouemens: Marmont, venait de livrer les portes de la capitale, et le lendemain, 31 mars, deux cent mille hommes, ayant à leur tête Alexandre et Frédéric Guillaume, faisaient leur entrée dans Paris.

Ce même jour, M. de Talleyrand recevait dans son hôtel de la rue Saint-Florentin, l'empereur Alexandre, qui y était attendu. Nommé président du gouvernement, le 1er avril, M. de Talleyrand gouverna la France jusqu'à l'arrivée du comte d'Artois. A peine Louis xviii fut-il arrivé à Compiègne, que le prince de Bénévent se rendit auprès du monarque pour discuter le projet de constitution dont le Sénat avait posé les bases. Louis xviii lui communiqua les principales dispositions de la Charte qu'il voulait octroyer. M. de Talleyrand lui fit observer que son projet de charte péchait par une lacune relative au salaire des députés....

« Mais ces fonctions seront d'autant plus honorables, reprit Louis XVIII, qu'elles seront gratuites... — Oui, sire, ajoute M. de Talleyrand, mais, gratuites....., gratuités..... ce sera bien cher. »

L'empire de Bonaparte, était tombé!

CHAPITRE VI,

M. de Talleyrand au congrès de Vienne :
La Restauration,

A peine Louis XVIII fut-il replacé sur le
trône de ses pères, qu'il s'occupa de constituer
un ministère à lui. M. de Talleyrand fut
nommé ministre des affaires étrangères, et le
4 juin 1814 il fut envoyé au congrès de Vienne,

en qualié de plénipotentiaire français. Il montra dans cette circonstance une grande habileté des affaires diplomatiques; toutes les ressources de son organisation furent employées. Dès les premières conférences du congrès, il lui fallut mettre en jeu son influence personnelle. Les plénipotentiaires des grandes puissances, c'est-à-dire celles qui *s'appelaient* ainsi, savoir: la Russie, l'Autriche, la Prusse et l'Angleterre, devaient seuls être admis aux conférences. M. de Talleyrand se voyant exclus, protesta vivement contre cette mesure; il entraîna dans son parti toutes les puissances d'un ordre inférieur et constitua une ligue de protestations;... mais ce fut en vain. M. de Talleyrand ne renonça pas à la partie; il avait d'autres expédiens, il s'en servit. Les moyens et les raisons politiques étant usés, restaient les moyens personnels. Par la subtilité de ses manœuvres, par l'artifice de son langage, par la courtoisie de ses manières, à force de caresses et de prévenances étudiées, M. de Talleyrand parvint à attirer chez lui les membres du congrès. Les séances furent tenues dans son hôtel, et ce même congrès qui n'avait pas voulu l'admettre dans son sein rédigeait sur sa table les funestes articles qui mutilaient la terre de France.

Le républicain Talleyrand avait tendu la main au héros des Pyramides pour l'aider à monter sur le trône; à Vienne, il composait son oraison funèbre et formulait son arrêt de mort.

Nous ne dirons pas les discussions qui se passèrent au congrès et auxquelles M. de Talleyrand prit une large part; ces faits appartiennent à l'histoire.

Le retour de Napoléon en France fut répété à Vienne, au milieu d'une fête. Cette subite apparition trancha bien des difficultés. Toutes les parties se réunirent pour résister au danger commun. Cette nouvelle fut un coup de foudre pour M. de Talleyrand. Malgré son impassibilité ordinaire, il ne put retenir, au

5

premier moment, cette exclamation : *Tout est perdu !* Mais, revenu bientôt de sa frayeur, il réunit les chefs de la coalition et leur fit signer une déclaration qui mettait Bonaparte hors du droit commun.

Vaincu par son mauvais génie, Napoléon tenta de rattacher à sa fortune celui qui semblait disposer des empires. M. de Talleyrand était trop habile pour se fier à des promesses que la nécessité dictait. Mesurant toujours l'avenir assez juste pour ne pas se compromettre et pour savoir le meilleur parti à prendre, il resta *cette fois* fidèle aux derniers sermens qu'il avait faits ; il alla rejoindre Louis xviii à Mons. Bientôt, il vint à Cateau-Cambrésis pour négocier avec le duc de Wellington, et le 6 juillet 1815, après la seconde capitulation de Paris, il rentrait dans cette ville au milieu des bagages enlevés par les Prussiens à la garde impériale.

Le 8 juillet, M. de Talleyrand prit le porte-feuilles des affaires étrangères et la présidence

du conseil. La chambre des pairs fut consti-
tuée; le prince de Bénévent y plaça bon nombre de ses amis, lui aussi il se fit pair de
France. La Russie poursuivait ses intrigues et
voulait former avec la France une alliance
qui devait être fatale à celle-ci. M. de Talleyrand s'y opposa, et il sortit du ministère pour
ne pas signer un pareil traité. Si cette retraite
eut pour motif l'honneur et la dignité de la
France, il faut en tenir compte à M. de Talleyrand.

En acceptant la démission du prince,
Louis xviii le nomma grand chambellan.
Malgré ce titre honorifique, l'ex-ministre
tomba sous peu dans une entière disgrace.
Ses ennemis en profitèrent pour renouveler
contre lui les attaques et les bruits accusateurs
que son élévation avait comprimés.

Le 16 mars 1818, jour où le duc de Bourbon revenait à Paris, M. de Talleyrand par-
tait pour Valençay, où il séjourna environ six
mois. De retour au mois de novembre, il sembla

pendant quelque temps ne prendre aucune part aux affaires politiques.

Mais bientôt M. de Talleyrand reparut à la cour, et, plusieurs fois même, il fut désigné comme devant entrer dans les diverses combinaisons politiques, projetées à cette époque. Louis XVIII le recevait dans son intimité, quoiqu'assez souvent il échangeât avec lui des mots assez piquans. Un jour notamment, comme M. de Talleyrand avait envoyé sa femme en Angleterre avec une pension de soixante mille francs, à la condition qu'elle ne reviendrait pas en France sans sa permission; madame de Talleyrand y rentra sous le ministère Decazes et le prince pensa qu'il devait attribuer ce retour à une malice royale. Le roi lui demanda avec intérêt, à son lever, s'il était vrai que madame de Talleyrand fût en France? — *Rien de plus vrai, sire; il fallait bien que j'eusse mon vingt mars.* Le roi ne répliqua pas.

Le prince de Talleyrand essaya de ressaisir, par une autre voie, l'importance politique qu'il perdait de jour en jour. Il fit à la Chambre des pairs une opposition assez vive à la marche imprimée aux affaires par des ministres imprudens, qui repoussaient la France dans l'abîme des révolutions. Il se montra le défenseur des libertés publiques et prononça plusieurs discours remarquables de pensée et de style. Louis xviii se sentit blessé surtout par le discours que M. de Talleyrand prononça contre la guerre d'Espagne. Pendant quelque jours, il fut question de disgrâce complète et d'exil à Valençay. L'humeur se borna à quelques mots méchans échangés entre le monarque et son chambellan. Est-ce que vous ne comptez pas retourner à la campagne? lui dit aigrement le roi. *Non, sire ; à moins que Votre Majesté n'aille à Fontainebleau : alors j'aurai l'honneur de l'accompagner pour remplir les devoirs de ma charge.* — Non, non; ce n'est pas cela que je veux dire : je demande si vous n'allez pas repartir pour vos terres ? — *Non, sire.* — Ah, dit le roi qui se trouvait offensé de cette résistance; mais, dites-moi un peu, combien y a-t-il de Paris à Valençay? — *Sire, il y a quatorze lieues de plus que de Paris à Gand.* Cette réplique mit fin à la conversation. On voit que le prince de Talleyrand était habile à la riposte et que sa causticité ne l'abandonnait jamais, même dans les cas les plus difficiles.

M. de Talleyrand retomba de nouveau dans la disgrâce: il ne se montrait plus à la cour que de loin en loin; sa carrière politique paraissait terminée; il allait rentrer dans l'oubli, lorsqu'un événement scandaleux le remit en scène. Il s'était rendu à Saint-Denis, pour y célébrer l'anniversaire de la mort de Louis XVI, lorsque le marquis de Maubreuil, si connu par la mission dont il dit avoir été chargé en 1814, s'avança au milieu du cortége et ne craignit de frapper de coups violens le vieux diplomate, alors âgé de plus de soixante-dix ans. M. de Maubreuil fut arrêté; le procès promettait de curieuses révélations. Maubreuil accusait M. de Talleyrand d'être l'auteur de ses maux,

pour l'avoir, en 1814, chargé d'assassiner Napoléon. Une enquête fut ordonnée, des preuves
n'ayant pas été fournies, on déclara qu'il n'y
avait pas lieu à suivre.

Depuis ce moment, M. de Talleyrand rentra
dans la vie privée; il vécut éloigné des affaires,
et nous ne le verrons reparaître que quand
le peuple aura proclamé sa volonté.

CHAPITRE VII.

M. de Talleyrand et la Révolution de Juillet 1830.

Le 25 juillet 1830, Charles X et ses imprudens ministres lançaient au peuple un défi solennel. La partie était sérieuse : le trône d'une part, la liberté de l'autre. Le trône fut brisé.

Le 9 août, Louis-Philippe acceptait la

Charte. Le roi des Français voulant rester en bonne intelligence avec la Grande-Bretagne pour trouver au besoin son appui, appela à son aide M. de Talleyrand. Il le nomma ambassadeur à Londres. La presse tout entière s'éleva contre un pareil choix. Il parut étonnant que l'homme qui avait fait et défait tant de trônes sans rester fidèle à aucun, fût chargé d'aller plaider la cause du peuple près des cours étrangères. Les journaux démocratiques se dressèrent contre lui armés des souvenirs accusateurs qui pesaient sur M. de Talleyrand. Des pairs d'Angleterre, et principalement le marquis de Londonderry, se prononcèrent contre cette nomination, comme si M. de Talleyrand n'avait racheté par assez de complaisances envers l'étranger les actes qui avaient jadis offensé la Grande-Bretagne. Le duc de Wellington et lord Holland prirent la défense de l'ambassadeur français. On ne sera pas surpris de trouver l'éloge de M. de Talleyrand dans la bouche du premier. « Je déclare, dit

» lord Wellington, que dans toutes les hautes
» transactions où je me suis trouvé avec le
» prince, depuis 1814 jusqu'au jour où j'ai
» quitté le ministère, trois mois après la ré-
» volution de juillet, je ne sais personne qui se
» soit conduit avec plus de fermeté et de ta-
» lent à l'égard de son pays, avec plus de
» droiture et d'honneur dans les relations
» avec les ministres étrangers. »

Dans les affaires de la Belgique, M. de Talleyrand signala son savoir-faire et sa docte pa-
tience. Il connaissait par expérience l'amor-
tissement que le temps apporte à toutes les ir-
ritations. Il temporisa, fit des protocoles, les
modifia, les reprit, en soumit de nouveaux,
vint se promener à Rochecotte, retourna à
Londres et arrêta enfin ce fameux traité de la
quadruple alliance, qui devait terminer sur
le papier les affaires de la Belgique. Lorsque
toutes ces marches et contre-marches politiques furent finies, M. de Talleyrand donna sa
démission et revint en France.

Depuis ce moment jusqu'à sa mort, M. de Talleyrand n'a pas agi avec titre officiel dans les affaires du royaume; mais son influence n'en a pas moins persisté. Son adresse et sa vieille expérience étaient tous les jours mises à contribution. Chaque jour, il était mandé aux Tuileries; il venait donner son avis dans les cas extrêmes, et quand il ne pouvait pas arriver jusqu'au conseil, on allait chez lui prendre son opinion. Il est plus d'un ministre de nos jours qui est venu s'inspirer à sa science. Quelques uns ont voulu l'imiter; mais, outre que le modèle n'était pas bien choisi, M. de Talleyrand était inimitable. A nul autre cette finesse, ce tact, cet instinct du lendemain, cette prestesse d'imagination, cette ressource du langage, cette évolution de la pensée. M. de Talleyrand a pu se dire qu'il était seul au monde de son espèce. Cela fera-t-il sa gloire ou sa honte?... L'avenir prononcera.

M. de Talleyrand est mort à 84 ans, travaillé encore par des besoins politiques; les affaires d'Espagne occupaient sa pensée. Ce qu'il avait fait pour la Belgique, il voulait le faire pour la Péninsule. Il a oublié de signer ce protocole avant de mourir. Cette fois seulement, il a trop attendu.

[...]ppeau comptant sa position de qu[...] droit exil
Les par la Belgique, il voulait le faire pour
la Belgique. Il a oublié de signer ce protocole
avant de partir. Cette fois aujourd'hui il a trop
attendu.

CHAPITRE VIII.

———

**L'hôtel St-Florentin, les Fauteuils de M. de
Talleyrand et les Rois de l'Europe.**

La rue Florentin, si paisible et quelque peu
solitaire, n'a pas toujours été en possession de
ce calme parfait ou de cette demi-solitude
qui convient si bien à l'entourage des hôtels
somptueux.

Parfois, et en maintes circonstances, elle a retenti du hennissement des chevaux, du fouet des postillons; les ordonnances et les courriers, les équipages et les escortes en ont sillonné la surface, et chaque nation a vu son représentant stationné sous le riche vestibule du n° 2. C'est que là, dans cet hôtel à l'aspect princier, à la désinvolture mi-royale, reposait un pouvoir immense, une volonté inébranlable, mais coquette et spirituelle, jouant avec les grandes choses sans en prendre souci : là venaient, de tous côtés, aboutir les nouvelles, pour former une gazette vivante qui l'accommodait à sa façon et pour son usage.

M. de Talleyrand a déployé à l'hôtel Saint-Florentin ce luxe qui n'a pas d'époque et qui est de tout âge; pourvu que l'art exquis trace l'ameublement, découpe les riches ornemens, choisisse les futilités élégantes qui font la vie intime d'un palais, comme les vastes murailles, les colonnes et les marbres en sont les vêtemens majestueux.

A voir l'air paisible de ce palais, on croirait à peine qu'il appartînt à un des plus riches personnages, car les valets ne s'y montrent point en foule, car tout y est réservé comme la pensée du maître, et cependant ouvrez les portes, et vous trouverez de somptueuses enceintes, l'or et la soie en profusion ; mais aussi la politesse et le silence.

Au premier étage, sont les salons d'honneur : on y monte par un vaste et magnifique escalier orné de statues, garni de tableaux et ouvert en bas par un péristyle, près duquel deux lions de pierre se reposent : si le temps des allégories n'était passé, on eût certes trouvé à leur place, sous le ciseau du sculpteur, la tête malicieuse et fine d'un renard à la mine narquoise.

Dans l'aile droite et à l'entresol, qui serait partout ailleurs un bel et confortable premier étage, sont les appartemens de M. de Talleyrand.

Sl' on arrive par l'escalier dérobé (et ici

6

plus qu'ailleurs il en doit exister), on se trouve tout d'abord dans une antichambre que décorent des gravures et des dessins, et où sont deux valets en sentinelle, honnêtes cerbères de ce tartare de bon goùt, sans cesse disposés à ouvrir sans bruit les portes dociles qui ont toujours ignoré ce langage aigre de leurs camarades de grandes maisons; on entre dans la bibliothèque, singulier assemblage de toutes choses, aussi bien profanes que sacrées, aussi bien sceptiques ou athées que chrétiennes et vénérantes; rayons chargés d'œuvres pies et d'œuvres légères, Dieu et le monde, Satan et la politique!

Des bureaux chargés de papiers, au milieu, aux angles, près des fenêtres, partout où la main doit trouver un appui, soit qu'elle se soit étendue vers la bibliothèque, ou que, obéissant à la pensée du maître, elle ait tracé une note bien courte, qu'un autodafé volontaire dévorera bientôt, mécompte déplorable pour les infatigables quêteurs d'autographes. Vient ensuite le salon, tabernacle où s'accomplit le grand œuvre, où verdit l'arbre de la science du bien et du mal; au milieu est une vaste table, et autour, comme de tous côtés, de vastes fauteuils : maison roulante, où le diplomate ressemble à ce diable de bronze florentin s'enveloppant dans ses ailes azur verdâtre.

De là on passe dans la chambre à coucher; ici, la vie se concentre; ici, apparaissent ces riens qui sont la coquetterie des riches; au fond, le lit de parade à la coiffure empanachée, aux draperies soyeuses; à côté, les rayons portatifs d'une bibliothèque usuelle; et tout près, un petit bureau bien simple, mais affectionné par le prince; tant il ressemble par sa modeste apparence au fauteuil chéri, tournant, roulant, allant et venant comme le veut où le commande celui qui tournait, allait ou venait au gré du sort, selon que le poussait le vent du destin. Le regard scrutateur trouve encore aux ailes de cette vaste et riche cheminée la béquille, sceptre de convention, moqueur, mais bien puissant quand la main qui s'en sert l'interpose dans les conflits européens.

Enfin, l'œil plonge plus avant, et derrière cette portière de soie bleue soulevée, apparaît ce repaire de séduction où trônent le fard et la poudre, les odeurs et les mouches, où le vieillard rajeunit ses rides, refait son visage pour monter d'un pas plus assuré sur la grande scène du monde, et railler l'inquiète sollicitude des envieux, des courtisans ou des sots.

Le 31 mars 1814, l'hôtel Florentin retentissait du pas des hommes d'armes; les sabres traînans résonnaient sur le pavé de la cour, et Alexandre de Russie avec ses serfs et ses cosaques prenait possession des salles d'honneur. Bientôt accoururent, pour grossir le cortége de l'autocrate du Nord, le Mephistophélès autrichien, M. de Metternich; M. de Nesselrode; tous ministres ou rois vainqueurs ! Tout cela se donnait rendez-vous au petit lever d'un homme qui n'était plus rien qu'un ex-ministre jouant au fin avec ces rattrapeurs de couronnes.

M. de Talleyrand, ce jour-là, se leva plus tard, mit plus de soin que jamais à parer son frais visage, et sa chevelure bouclée se couvrait à peine d'une neige parfumée, que déjà les rois sollicitaient l'honneur de tendre au valet de chambre la dernière papillote; M. de Talleyrand se leva enfin, et passant le premier pour montrer le chemin sans doute, amena ce cortége d'empereurs, de rois et de ministres dans le salon de tout à l'heure.

Chacun s'y accommoda à son gré, drapant son individualité ointe et sacrée dans les coussins du diplomate français, et puis on causa de la France! Alexandre, qui eût été volontiers Français, si on l'en avait prié, ne voyait qu'à regret revenir les Bourbons, parce que avec eux revenait l'esprit de l'ancien régime; il eût préféré le duc d'Orléans : mais, M. de Talleyrand ne voulait plus d'une nouvelle usurpation, même de bonne maison, et constitua d'un mot la restauration, préludant ainsi à ce fameux congrès de Vienne, en faisant connais-

sance avec messieurs les Alliés si peu rusés,
qu'il les tenait déjà dans ses filets, tendus alors
à larges mailles et entre deux eaux.

Si le proverbe est vrai, tel maître, tel valet,
il n'a jamais reçu une plus parfaite application que dans ce somptueux hôtel, car les
formes du prince sont passées aux valets, et
personne, pas même le suisse, n'est arrogant
à celui qui vient ou qui sort. Chacun aimait
M. de Talleyrand et le pleure : il avait réservé toute l'affection et la tendresse dont il a
déshérité trop souvent la patrie, pour les dé-
verser sur ses gens. Nous reviendrons plus
tard sur le caractère de la vie intime d'un
homme peu connu et peu compris, et peut-
être qu'en pesant le bien et le mal, il ne restera pas même le moyen d'opter, tant l'affir-
mative pour ou contre serait difficile.

CHAPITRE IX.

Rochecotte, Valençay, Londres.

Il n'est personne tel haut placé qu'il soit,
qui puisse échapper à ce besoin de repos, à
ce sommeil des passions, sans lequel leur activité userait rapidement la vie. A chacun, selon
sa fortune ou sa condition, une retraite soli-

taire, qui est l'expression matérielle de la pensée intime; un cabinet ou un palais, où chaque volonté et chaque prédilection sont reproduites par les mille caprices de l'art qui s'assortissent volontiers aux pensées ou aux caprices de l'esprit. Plus celui-ci d'ailleurs est en jeu dans une sphère élevée, plus la vie privée recherche la simplicité des jouissances. A ceux qui vivent incessamment sous les lambris dorés, la verdure et l'ombrage des charmilles; à ceux-là toute la simplicité de la campagne. C'est ce penchant qui nous donne l'explication de ces maisons féeriques, apparaissant subitement aux voyageurs dans les cantons les plus agrestes; cases que le goût du maître a façonnées à sa mode, et qui diraient son nom par leur forme et leur décoration, si l'écusson de la porte n'en avait désigné la noble famille. C'est dans ce négligé de la villa que le cœur du diplomate s'ouvre; ici, il peut oublier les souffrances de l'habit brodé ou les soucis d'un portefeuille.

M. de Talleyrand, dont la vie était constamment occupée, aimait à s'échapper des capitales européennes pour goûter à Valençay ou à Rochecotte le calme dont il perdait l'habitude dans les cours près desquelles il représentait sa nation. C'est là qu'il jouissait réellement des douceurs du fauteuil à roulette, et que, repassant cette longue existence entremêlée de faits si divers, il commentait pour son propre compte les actions des autres et les siennes. Examen de conscience fait pendant la trève, mémoires qui ont leurs chapitres au souvenir heureux, comme leurs réminiscences cruelles.

C'est à Rochecotte surtout qu'il aimait à se retirer ; car cette maison était l'œuvre de ses mains, l'enfant dont il avait surveillé la naissance et l'éducation.

Aussi habile à choisir une jouissance qu'à juger les moyens propres à les conquérir, il avait habilement élu son domaine à sept lieues de Saumur. La Loire, aux rives fleuries, se

déroule en rayons d'argent auprès de la ver-
doyante colline sur laquelle est bâtie Rochecotte. M. de Talleyrand n'aimait que les
grandes choses : des rois, il faisait ses valets ;
il taillait une montagne pour tracer ses jar-
dins sur ses flancs découpés : avec un million,
il soumit la nature à sa volonté ; l'eau jaillit
en fontaines gracieuses ; les charmilles dressèrent leurs murailles élégantes, et l'on arriva par une pente douce, bordée de pelouses,
de groupes de fleurs, au palais dont la façade
se dessine à mi-côte sur un rideau de verdure.

Rochecotte est bâtie à angle droit ; les appartemens offrent le luxe de la ville, plus le
calme de la campagne ; aussi y trouve-t-on
les jouissances de l'esprit, et cette maison renferme une riche et vaste bibliothèque ; l'ameu-
blément a cette coquetterie de bon goût qui se
devine et ne s'imite pas : partout on y retrouve
ces objets d'art qui n'ont plus d'époque, parce
que les formes élégantes et les dessins gra-

cieux sont de tous les temps. Les vases à la
Médicis, les meubles de Boule aux riches in-
crustations, les porcelaines du Japon jaspées
de mille couleurs réveillent l'attention. En
sortant par un vaste et magnifique escalier et
en suivant une ligne droite, on arrive par
une allée de charmilles à un joli pavillon,
retraite favorite de la charmante duchesse de
Dino. Souvent, par une belle soirée d'été,
nous avons vu M. de Talleyrand se reposer
dans ce coquet ermitage de ses ennuis diplomatiques, et là, en petit comité, il débitait
ces mots qui ont si souvent fait fortune dans le
monde où ils sont parvenus par l'indiscrétion
de quelque ami intime. M. de Talleyrand parlait peu; mais chacune de ses paroles avait une
portée, et on eût dit qu'il s'étudiait à résumer
ses pensées en aphorismes dont la collection
serait, à coup sûr, un excellent cours de criti-
que à l'usage des gens d'esprit. Est-ce là, à
Rochecotte, que, dans ces temps derniers, mé-
content sans doute de ces gens qui lui prépa-

raient peut-être un nouvel ordre de choses, il peignait ainsi cette secte rétrograde, les doctrinaires ?

Ce sont, disait il, des gens qui demeurent entre cour et jardin; ils ne voient jamais dans la rue.

Pour lui, il avait bien vu, et les faiblesses des palais, et les émeutes de la place publique, mais il ne sut pas combattre les unes ni seconder les autres. A Rochecotte, à Valençay, il dépouillait toute idée politique et ne pensait plus qu'à ses affections ; il souriait à sa petite-fille, parlait à ses fermiers, et comme un écolier en vacances, n'entendait qu'avec peine le fouet du postillon qui allait entraîner sa chaise de poste vers une ambassade lointaine ou vers la rue Saint-Florentin.

Valençay, situé dans le département de l'Indre, à quelques lieues de Châteauneuf, porte encore la fastueuse représentation du régime féodal ; deux mille habitans séjournent auprès de ce château et forment une petite bourgade sur laquelle Ferdinand vii, roi de toutes les Espagnes, le Bourbon détrôné, eut un semblant de domination. Ce monarque y habita de 1808 à 1814, festoyant l'empereur, son royal suzerain, et oubliant l'Espagne qui préludait à cette lutte du libéralisme contre l'inquisition renaissante et la honte de l'esclavage.

A Londres, M. de Talleyrand représentait richement la nation dans un magnifique hôtel, et M. le maréchal Soult a dû prendre plus d'une leçon du vieux diplomate pour façonner sa tournure de guerrier aux parades d'un couronnement de petite-fille. M. de Talleyrand était trop spirituel pour une pareille fête ; il n'aimait pas la foule, même la foule chamarrée d'or; il ne fut pas de ceux qui aiment à dominer les masses; c'était assez pour lui de prendre par distraction quelques grands seigneurs, ambassadeurs ou princes, de les dominer, de les réduire à merci et de les renvoyer nantis chacun de quelques bonnes épigrammes, mais surtout dépouillés de toute puissance et de toute valéur. Il était comme ce miel qui attire la mouche, mais qui ne la laisse partir qu'en lui gardant aile ou patte.

CHAPITRE X.

Hygiène de M. de Talleyrand.

L'homme mange, l'homme d'esprit seul sait
manger. M. de Talleyrand eut pris bien garde
d'être homme seulement. Il mangeait peu, mais
il mangeait bien; aussi sa table passait-elle
pour une des plus exquises. Il était du bon

temps d'ailleurs, où l'on se reposait des fatigues politiques par les jouissances d'une cuisine parfaite. Ses diners ont été célèbres, et il en a donné en tous temps et en tous lieux. Républicain, il était servi en prince; témoin ce banquet offert par lui aux députés de la république cisalpine, dans lequel les Vatels lyonnais avaient déployé le savoir-faire qui a donné à l'ancienne ville romaine une réputation européenne. Diner qui coûta la vie à un pauvre archevêque romain, lequel rendit l'ame entre le premier et le second service, heureux de mourir, non dans l'esprit de Dieu, mais par les charmes gastronomiques de l'ex-évêque d'Autun. M. de Talleyrand ne faisait qu'un repas, à heure fixe; seulement il prenait par fois un verre d'excellent Madère, auquel se joignait naturellement un biscuit. C'est à cette régularité qu'il attribuait la bonne santé dont il jouissait. Vivant principalement par l'intelligence, il cherchait et appréciait le philtre qui active son énergie. Comme Napoléon, comme Voltaire, il aimait le café et il savait le prendre; il en savourait l'odeur comme il en dégustait habilement la qualité. C'était plaisir que de le voir porter sa tasse sous le nez, et en aspirer l'arôme avant d'ouvrir les lèvres pour avaler la précieuse liqueur.

Si M. de Talleyrand croyait devoir sa longue vie à la régularité du repas, il pouvait encore attribuer ce bienfait aux habitudes confortables auxquelles il n'avait jamais su se soustraire. Chaque jour, sa toilette était faite avec une régularité parfaite, et le diplomate ne se montrait jamais que le visage composé et paré, aussi bien que l'esprit. La poudre dissimulait la teinte des cheveux, ses yeux à demi voilés acquiéraient une finesse d'intention par la difficulté qu'il avait à les fixer en apparence sur quelque chose. Il aimait les odeurs exquises mais douces, et mettait certaine coquetterie dans l'ensemble de sa personne. Sans son infirmité qu'il ne cherchait pas d'ailleurs à dis-

simuler et qu'il montrait parfois d'un air rail-
leur, il eût été un des plus beaux hommes; aussi,
une femme d'esprit a-t-elle dit de lui, qu'il était
l'homme du canapée. Il portait *ses* cheveux
très-longs et pendans sur les épaules et avait
continué la mode des cravates des incroyables
du Directoire; aussi, lorsque viendra le temps,
et grâce à la spéculation cela ne tardera pas,
où M. de Talleyrand sera personnage drama-
tique, les comédiens imiteront sa ressemblance
facilement. Ils lui ressembleront tous, autant
qu'ont ressemblé à Napoléon tous les héros de
Paris et de la banlieue.

Si ce régime de vie a contribué à maintenir
M. de Talleyrand dans un état de santé convenable, il faut aussi admettre comme moyen
ce calme d'esprit et de volonté qui exista chez
lui aussi apparemment. L'excitation nerveuse
sans cesse renouvelée tue l'homme facilement;
mais il sut constamment se soustraire à cette
tyrannie de l'organisme, qui use la vie à
coups d'épingle. Il aimait la vie comme une

chose agréable, quand elle est convenablement dirigée, mais il ne parut jamais s'inquiéter à l'avertissement que la fin en était proche. Lui annonçait-on la mort d'un ami d'enfance: « Ce cher un tel, disait-il froidement, était du même âge que moi, » constatant ainsi un fait; mais n'en tirant pas de conclusions. Il aurait volontiers vécu cent ans, sans avoir recours à cette banque de vieillards qui demandent la mort à grands cris et s'étonnent si fort quand elle leur prend la main. Il est en vérité le plus bel exemple qu'une hygiène morale puisse donner de l'influence de l'esprit sur le physique. Car, bien que son intelligence et toutes ses facultés cérébrales aient été sans cesse en activité, elles n'ont pas cependant été perverties par ces commotions passionnelles qui brisent leur énergie et annihilent parfois toute vigueur de sentiment et d'intelligence. Il a tâché de justifier cet axiôme: *Mens sana in corpore sano.* A 84 ans son cerveau avait encore toute la consistance d'un homme de quarante. Cette fibre nerveuse

était constamment nourrie par un sang chaud
et généreux; aussi, ne peut-on pas dire que
M. Maurice de Talleyrand soit mort de vieillesse; mais bien qu'il a cédé à temps, selon son
habitude, à cette grande loi de toutes choses,
la destruction!

CHAPITRE XVI.

Derniers momens.

AVANT.

L'existence de M. Talleyrand semblait sté-
réotypée, et le bulletin périodique annonçant
d'ordinaire sa décadence ou sa résurrection
était entré dans les habitudes du *fait-Paris*.

De telle sorte qu'il fallait une grande persistance de sa part dans la maladie pour qu'on se
décidât à la croire certaine. Car M. de Talleyrand était comme ces jolies femmes qui ont la
migraine à volonté, et il connaissait à fond
l'art d'être malade; semblable à ce gentilhomme endormi vers le 25 juillet, pour se
réveiller le 1er août 1830, il se trouvait, de
cette façon, tout porté dans un nouveau
monde qui le reconnaissait aussitôt et prenait
langue avec lui. Il est d'ailleurs de ces mala-
dies qui entretiennent la santé et qui sont le
diapazon de la vitalité. Depuis long-temps,
M. de Talleyrand avait une affection aux jam-
bes dont la suppuration nécessitait l'emploi
constant de lotions saturnées. Cet exutoire naturel avait cessé, et il se félicitait de cet événement, qui, au contraire, pouvait présager
un plus sinistre résultat. Confiant dans son
avenir et indifférent sur l'heure de la mort, il
pensait aux voyages, pour lesquels il avait toujours eu une prédilection particulière; c'était

principalement la belle Italie qu'il allait par-
courir, voulant que ses dernières heures se
reflétassent encore d'un chaud rayon de soleil : belle terre que l'Italie, où ceux-là que la
mort approche oublient, dans la contempla-
tion d'une ravissante nature, l'instant qui va
la faire disparaître à leur regard; beau ciel
sous lequel l'intelligence reverdit et la passion
se rallume ; espèce d'instinct que l'espérance,
qui fait des jours à venir une joyeuse conquête
que le présent annonce, et qui fuit tant que
l'abime engloutisse le tout à jamais.

Le prince fut bientôt pris de frissons suivis
de légers vomissemens; il éprouvait au bas
des reins, à gauche, une légère douleur qu'il
pensait produite par un gros bouton, mais
bientôt cette inflammation locale étendit ses
ravages, accusa sa nature et fut reconnue pour
un anthrax large et profond, par M. le professeur Cruveilhier. M. Marjolin appelé, in-
cisa cette tumeur, et l'opération fut répétée
une seconde fois. M. de Talleyrand, impassi-

ble, se contenta de dire : « Docteur, vous m'avez fait beaucoup de mal, » et demanda tranquillement s'il pouvait en guérir; car il jugeait lui-même la gravité de sa position, et aimait, comme il le disait, à prévoir d'avance ce qu'il avait à faire : mourir était encore pour lui une affaire à traiter dans laquelle il voulait avoir les honneurs, sinon le profit. Bientôt la fièvre, activée par le caractère irritant du mal local, prit une extrême intensité et entra en lutte avec son énergique constitution, lutte dans laquelle cette dernière devait succomber.

Il n'est pas facile de mourir en paix, pas plus qu'à bon marché; aussi certains hommes sont-ils sont toujours prêts, afin de jeter leur filet et de ramener la brebis égarée. M. de Talleyrand ne pouvait pas s'en aller athée en religion comme en politique, et il lui restait un grand acte à faire au profit du catholicisme, sa paix, non avec Dieu, mais avec ses ministres.

Aussi, au seul bruit de sa mort prochaine, Paris chrétien, catholique et romain s'émeut, les cierges brûlent, les indulgences sont distribuées, et l'abbé Dupanloup se présente à l'hôtel, où, comme nous l'avons dit, la politesse était telle qu'il fut reçu sans difficulté.

Nous décrivons ici une page de l'histoire de M. de Talleyrand qui pourra servir à démentir le roman orthodoxe qu'on s'est plu à parer des charmes d'une mystique inspiration; on exploite tout, et c'était bien le cas d'exploiter les derniers momens de M. de Talleyrand, l'ex-évêque d'Autun, que les uns dépeignaient dans l'impénitence finale, les autres parfaitement en règle avec le saint-siège : car celui-ci, pour une somme grasse, l'aurait sécularisé. Il fallait que l'ex-déserteur rentrât au camp; il fallait qu'il expiât la fonte des vases sacrés au creuset de la Monnaie, l'abolition de la dîme bienheureuse et à jamais regrettable; il fallait tout cela pour que le prêtre, si utile, dit-on, même après juillet, relevât la tête et servît, par ses doctrines étroites, l'étroit moyen qui réglemente les hommes de France, montrant à tous l'athée de 84 ans demandant grâce et merci à Dieu, et au pape surtout, ce grand fétiche qui lie et délie. On a parlé d'une lettre du diplomate dans laquelle il regrettait tous ses actes et faisait amende honorable, lettre écrite et signée de sa main; et cela n'est pas vrai, pas plus qu'il n'est vrai qu'acte en ait été pris en présence des nobles pairs MM. Molé, de Barante, Royer-Collard et autres. Ce qui est vrai seulement, c'est qu'on n'a pas respecté la couche d'un mourant, qu'on a été impitoyable, et que le prince, déjà mort pour l'intelligence et respirant à peine, a signé, la main guidée, une lettre non écrite par lui, lettre sans laquelle les portes de l'Assomption n'eussent pas été ouvertes, sans laquelle la fabrique n'eût pas englouti l'argent des funérailles. Alors, après cette violence faite à la volonté de l'homme qui, la veille, pouvant encore penser, avait dit à celui qui présentait cet écrit : « Plus tard, Monsieur; je ne me suis jamais pressé, » et tranquillement ayant ployé ce papier, l'avait mis dans sa robe-de-chambre. On voulut bien oindre ses pieds des huiles plus ou moins saintes, et l'absolution *in extremis*, qu'il n'avait pas demandée, lui fut donnée en désespoir de cause, comme à Voltaire, qui la raillait râlant l'agonie ; comme à tous ceux qu'on veut convertir pour l'exemple. Quatre personnes seulement étaient présentes, MM. Dupanloup, de Valençay, Cogny, de Baccourt.

On comprend d'ailleurs, pour ceux qui raisonnent, que M. de Talleyrand, qui, jeune, avait pris les ordres sans vocation, et qui, toute sa vie, avait oublié complètement la foi en Dieu, ne se fiant qu'à lui-même, ne pouvait pas, parce qu'il allait mourir, adopter ce qu'il avait rejeté toute sa vie, et du jouet qui quelquefois était entré dans ses combinaisons diplomatiques, en faire une idole au dernier moment. Etait-il athée pur, et n'avait-il jamais pensé à une cause première de toute chose, à un Dieu enfin ? Nous ne pouvons le dire mais ce que nous pouvons affirmer, c'est qu'il état trop intelligent et bon logicien pour croire aux affabulations du catholicisme, la plus illogique de toutes les adorations.

On a parlé de la visite que lui a faite le roi Louis-Philippe, et des conseils qu'il aurait donnés à son fils. M. de Talleyrand était agonisant quand le roi s'est approché de lui, et c'est le roi qui a pris dans sa main celle du mourant, qui était déjà froide et inanimée. M. le duc d'Orléans n'a pas été vu à l'hôtel Saint-Florentin, comme on l'a dit. D'ailleurs, M. de Talleyrand était comme la fourmi qui n'est pas prêteuse : il attendait surtout qu'on lui demandât, et ce ne fût pas lui qui se serait compromis à offrir des conseils, la chose que donne le moins volontiers un homme d'esprit.

On a dit aussi que M. l'archevêque de Paris, M. de Quélen, le pape au petit pied de l'île Saint-Louis, aurait quitté son palais pour visiter celui qui allait rentrer au giron de Notre-

Dame, disant à qui voulait l'entendre, que lui, M. de Quélen, donnerait sa vie pour lui. On ajoute même que le prélat, étendu sur les sophas de sa voiture, aurait attendu patiemment qu'il plût à l'homme mourant de le recevoir, mais qu'il n'en fut rien. Pourquoi ce refus? Deux augures ne pouvaient-ils se regarder sans rire !

M. de Talleyrand s'est endormi dans la mort, espérant peut-être, mais voulant se réserver le plaisir de la nouveauté, sûr toujours de pouvoir, là-bas comme ici, appliquer ces mots si connus : « Il est avec le ciel des accommodemens. »

CHAPTRE X.

PENDANT.

Autopsie, Embaumement.

Le 17 mai, à quatre heures moins dix mi-
nutes, le prince Charles-Maurice Talleyrand
de Périgord avait cessé d'exister. Il ne restait
plus qu'un cadavre inanimé, que le privilége

du riche allait dérober à la terre, où chacun retourne ordinairement pour féconder cette mère commune. Un poète a dit :

Aux portes du tombeau l'égalité commence,

Et pourtant honneur et distinction aux dépouilles des uns, indifférence et mépris à celles des autres ; pour l'un la myrrhe et l'encens, pour l'autre l'argile et la boue ; à celui-ci le vêtement de lin, à celui-là l'ignoble serpillière. Mais un jour vient, jour que mille autres a précédé, où riches et pauvres ne sont plus que poussière, où la mémoire de chacun est perdue, où le monde renouvelé procède à de nouvelles générations, qui auront à leur tour leur terminaison et leur oubli.

La famille du prince a voulu que son corps fût embaumé ; mais elle manifesta le désir qu'il ne soit fait aucun rapport scientifique sur l'autopsie indispensable à cette opération ; aussi, n'a-t-elle pas été pratiquée avec cette minutie qui caractérise ce genre d'investigation. Le corps, déposé sur une longue table, dans l'antichambre de la bibliothèque, pièce concédée pour les travaux de l'embaumement, a été ouvert sous la direction de M. le docteur Cogny, médécin ordinaire du prince de Talleyrand. On a pu remarquer que les poumons étaient parfaitement sains et bien développés ; le cœur volumineux et entouré de graisse ; sa densité, puissante. L'aorte et les principaux troncs artériels ossifiés et cassans dans presque toute leur étendue. Le foie, l'estomac, les intestins n'offraient aucune lésion. On sait qu'un anthrax, développé à la région iliaque gauche, détermina un état inflammatoire général, dont la persistance avait amené une terminaison funeste. Cette accélération dans la circulation, trouvant dans les canaux qu'elle parcourt une résistance anormale produite par les ossifications de leurs parois, qui, loin de céder aux pulsations incessantes refoulent et pervertissent la marche de ce torrent vital, porte ainsi une incitation permanente au système nerveux, et le domine à ce point qu'il doit bientôt céder et déterminer la mort. Quoique le moral du prince soit resté sain jusqu'au matin de son dernier jour, il fut dans une agitation continuelle, sans repos, et ne trouvant pas une place qui pût lui permettre un moment de calme.

M. Micard, pharmacien distingué, fut désigné par la famille, et avec l'agrément des docteurs Cruveilhier et Cogny, pour terminer l'embaumement du prince. Cependant, M. Gannal, directeur de la société d'embaumement, formée pour l'application du procédé dont il est l'inventeur, se présenta à l'hôtel pour offrir ses services, et un instant la famille hésita. Ici nous trouvons occasion de justifier l'honorable professeur Cruveilhier, injustement attaqué dans les feuilles publiques, bien que lui-même, par une réponse sage et modérée, ait suffisamment satisfa t à l'enquête publique. L'avis de ce professeur ayant été demandé, il déclara que le procédé de M. Gannal lui paraissait convenable; mais laissa toute latitude aux parens pour opter, ne pouvant nier que l'ancienne méthode avait au moins l'expérience pour elle. M. Gannal prit sans doute cette bienveillante déclaration pour un ordre de service, et il alla tout disposer pour opérer selon le procédé qui lui appartient. Mais la famille adopta au contraire la méthode ancienne, et remit définitivement à son pharmacien le soin de pratiquer l'embaumement du prince. Les réclamations de M. Gannal ont été publiques, et la réponse de M. Cruveilhier insérée également dans tous les journaux: le public peut donc juger et décider. Disons seulement qu'il est à regretter que, puisqu'on établit une concurrence, dans laquelle on veut faire prévaloir, ce qui nous paraît juste, le moyen auquel on a confiance, on instruise le public d'une lutte qui devrait être secrète tant elle l'intéresse peu; lutte qui pourrait entraîner le blâme plutôt qu'exciter des sympathies. M. Micard avait tous les droits

possibles à cette opération : attaché depuis long-
temps à la maison du prince, il faisait partie
des personnes sur lesquelles se reportait son
affection, et cette raison ainsi que son habileté
bien connue ont pu déterminer le choix fait
par M. de Valençay et madame de Dino.

En se rapportant à l'histoire des embaume-
mens, on pourra comparer les divers modes
employés jusqu'à nos jours et ceux actuelle-
ment en usage. L'ancienne méthode a des
siècles d'expérience : celle de M. Gannal, auquel la science anatomique doit beaucoup pour
les préparations qui ont mérité l'assentiment
de l'École de Médecine, parviendra, sans doute,
à d'aussi bons résultats, et elle aurait alors
l'avantage, avantage dont il est difficile qu'un
auteur jouisse de son vivant.

Il est à observer que l'opération a dû être
faite dans un très-bref délai, tandis qu'ordinairement on y emploie un laps de temps au
moins triple de celui accordé.

L'opération de l'embaumement d'un corps

est toujours triste et sérieuse, et si, par principe, on n'était habitué au respect pour ses
semblables, on y serait rappelé dans cette circonstance ; car souvent ce corps sur lequel
on va exercer un triste ministère a été animé
par une haute intelligence, a appartenu à un
être qui vous affectionna. Ceux qui oublient
les maux de l'humanité pour exalter leur
cœur par les joies de l'orgueil devraient être
traînés en présence de cette table où gran-
deur et richesse sont confondues et anéanties
sur un cadavre dont la nudité rappelle que
l'homme est seul, qu'il n'a que des égaux et
que telle est la fin de toutes choses; que, du
trône comme de la rue, il vient se briser à cet
écueil commun ; cette table lui rappelle
qu'il n'y aura plus bientôt pour différence
qu'un tombeau de marbre ou qu'une fosse
en terre.

Le corps sur lequel furent pratiquées des
incisions profondes et rapprochées dirigées
par couches musculaires et dans la direction

des fibres, fut mis dans un bain avec solution de natrum ou carbonate de soude pendant quelques heures. Retiré, il fut lavé intérieurement et dans ses cavités avec un alcohol aromatisé, et enfin plongé de nouveau pendant vingt-quatre heures dans un nouveau bain d'une infusion fortement concentrée de tanin.

Enfin, chaque partie ouverte fut enduite à plusieurs couches d'une solution alcoholique de deutochlorure de mercure, et chaque cavité garnie avec la poudre balsamique astringente composée à peu près ainsi qu'il suit : Baume de tolu, du Pérou, storax, stryrax calamite, musc, ambre gris, quinquina, cannelle, gomme tacamaaca, etc.

Chaque incision recousue, le corps fut recouvert par une couche de vernis, et une autre de la poudre, maintenue par une première application de bandes de mousseline fine ; le tronc, qui contenait le cœur et les entrailles préparées isolément de la manière précédente fut entièrement rempli par la poudre aromatique, et par une étoupe à mailles serrées. Le corps fut ensuite revêtu de six couches de bandelettes de diachylum gommées enduites de vernis extérieurement et disposées avec habileté, de manière à laisser au corps sa forme naturelle.

Pour la tête, une incision, partant de l'occipital à la naissance des cheveux au front et dirigée latéralement de l'occipital aux apophyses mastoïdes, permit la dissection du cuir chevelu. Cette opération accomplie et les tégumens ainsi que les muscles crotophytes enlevés, l'empreinte crânienne fut prise par M. Guy, naturaliste de l'école de Médecine, avec un soin extrême, afin qu'elle restât une pièce authentique pour la science phrénologique. L'intérieur du crâne fut garni de poudre et d'étouppe, une ouverture par couronnes de trépan ayant facilité la sortie du cerveau. La face fut disséquée entièrement, préparée comme le corps avec un soin minutieux, de manière à respecter la physionomie qui fut

remodelée. Après que les tégumens et les muscles eurent repris leur place, les globes ocu-
laires furent vidés et remplacés par des yeux
en émail fabriqués d'après un portrait parfaitement ressemblant et confié obligeamment
par M. Elie, premier officier de chambre du
prince.

Deux heures avant d'être mis dans le cercueil de plomb, le corps de M. de Talleyrand,
fut exposé aux regards de ses nombreux domes-
tiques et de quelques amis de la famille qui
purent constater le résultat heureux et surtout
rapide de l'opération. La figure du prince qui
conservait le caractère de sa physionomie était
déjà en partie complètement à son point de
dessication, à tel point que les parties charnues
des joues et de la bouche résonnaient sous la
percussion du doigt.

A neuf heures et demie du matin, le corps
fut enseveli dans un linceul de lin et déposé
dans le cercueil de plomb, qui sera transféré
au château de Valençay.

CHAPITRE XIII.

***

APRÈS.

Funérailles. — Chambre aux décorations.

Un bruit absurde avait circulé, émis dans le troupeau de Panurge, par certaines feuilles intéressées : M. de Talleyrand, embaumé et fardé devait être exposé dans une chapelle ardente, revêtu de ses habits pontificaux, les mêmes, ajoutait-on, qu'il portait alors qu'il était évêque d'Autun. Sans parler de l'inconvenance d'un pareil fait, il n'y avait pas de meilleure raison pour détruire ce bruit stupide, que de rappeler l'acte de sécularisation accordé par le pape. La veille du jour où sa dépouille fut portée à l'église de l'Assomption, la rue Saint-Florentin était encombrée de curieux et d'un grand nombre de dévotes échappées, sans doute, aux confessionnaux des cent paroisses, pour venir bénir les restes du pécheur converti, à force d'hymnes et de cantiques. A la nouvelle de ce désappointement, on pouvait apprécier leur nombre au bourdonnement plaintif et criard, qui annonçait leur séparation. L'affluence était d'ailleurs si grande, que les portes de l'hôtel furent strictement fermées afin qu'on pût exécuter les travaux de décorations intérieures. Une chapelle ardente fut préparée sous le grand escalier et le péristyle revêtu de draperies portant

les armoiries de l'ancienne famille des Talleyrand Périgord, avec cette dévise : RE QUE DIOU!
Ces armoiries sont à fond gueule avec un lion
dressé, mi-argent et azul.

Le mardi 22 mai, le corps de M. de Talleyrand fut descendu dans la chapelle ardente,
et bientôt passèrent devant lui, pour se réunir
dans les salons de l'hôtel, les personnes invitées
qui devaient former le cortége. A onze heures,
le corps a été déposé sur une riche voiture,
portant les armoiries du prince. Son premier officier de chambre suivait à pied,
portant sur un coussin de velours la couronne
ducale; et deux des plus anciens serviteurs
portaient, pareillement sur des coussins, les
grands cordons de la Légion-d'Honneur. Les
coins du drap étaient tenus par huit personnes.
Entre autrês, MM. Athalin; général Baudran;
Mignet, de l'Académie française; le prince de
Poix. Le deuil était conduit par M. le duc de
Périgord, M. le duc de Valençay, et M. le duc
de Montmorency. Dans la foule qui suivait le

corps, on remarquait presque tous les membres du corps diplomatique. Une députation de la chambre des pairs, en costume ; MM. le comte Molé, de Montalivet, Salvandi, Thiers, d'Argout, et plusieurs autres ministres en frac noir. Les aides-de-camp du roi et des princes, et plusieurs officiers de la garnison de Paris. Venait ensuite une longue file de voitures, en tête desquelles on remarquait la livrée royale et celle des princes.

Le cortége était ouvert et fermé par plusieurs détachemens d'infanterie et de cavalerie, et la haie faite sur trois rangs, dans les rues Saint-Florentin et Saint-Honoré. Les fenêtres étaient garnies de curieux et on assure que plusieurs de ces loges improvisées avaient été louées à un haut prix. Les rues avoisinantes étaient cernées par la garde municipale, de telle sorte que la foule fut traquée et jugulée selon l'habitude des réjouissances publiques. Le convoi, au lieu de faire le tour par la place de la Concorde et la rue royale, a suivi les rues Saint-Florentin et

Saint-Honoré, jusqu'à l'Assomption, dont les grilles ont été immédiatement fermées après la venue du cortége.

Arrivé à l'église, le corps a été déposé sous un magnifique catafalque, une simple messe basse a été prononcée dans un profond silence, bien que l'église contint environ 1,500 personnes. La musique d'un régiment de ligne a exécuté avec un ensemble remarquable, pendant la marche du cortége et à son entrée dans l'église des symphonies religieuses du plus grand effet.

Le corps a ensuite été descendu dans les caveaux de l'Assomption, pour être conduit incessamment à Valençay et déposé définitivement dans le lieu des funérailles de la famille des Talleyrand Périgord.

Le calme a régné, et les piquets d'infanterie stationnés sur la place Vendôme, en ont été pour leur déplacement.

On dit que M. de Talleyrand a légué son hôtel de la rue Saint-Florentin et une autre propriété à la fille de Mme la duchesse de Dino, jeune personne de 17 ans. La terre de Valençay, que le prince avait achetée 2,300,000 fr., il y a déjà long-temps, et qui vaut aujourd'hui 8 millions, revient au duc de Valençay, fils de la duchesse de Dino; mais, sur cette propriété, une somme de 800,000 fr. est assurée à la comtesse de Talleyrand (connue dans la famille du prince sous le nom de Mlle Charlotte), aujourd'hui femme du comte Alexandre de Talleyrand, ministre plénipotentiaire à Copenhague. Le prince avait assuré, depuis long-temps, 500,000 fr. à la duchesse de Esclignac, fille de son frère, comte Bozon de Périgord. La duchesse et le duc de Dino et la princesse de Poix, fille de son frère, le duc Archambault, mort dernièrement, sont ses héritiers naturels.

Si le prince de Talleyrand avait beaucoup d'ennemis politiques, il n'avait pas peu d'amis privés; au nombre des personnes qui le regrettent le plus, est la vicomtesse de Laval, mère du feu duc Mathieu de Montmorency,

c'était chez cette noble dame que le prince de
Talleyrand passait presque toutes ses soirées.
Leur intimité avait résisté au choc des opinions
politiques et à de très-vives discussions, sans
avoir été altérée un seul instant pendant plus
d'un demi-siècle.

Ses nombreux serviteurs ne sont pas oubliés
dans son testament, et bien que l'hôtel Saint-
Florentin soit mis en vente, l'existence de chacun est assurée.

Ainsi, se termine une carrière si longue et
si animée : dans ce vaste hôtel, naguère l'agitation de la politique, aujourd'hui le silence
et le deuil. Tout ce qui était animé par la présence du maître est mort avec lui. Tout est
froid et glacé, et la pensée seule pourrait, à
travers ces ruines, recomposer l'individu qui
leur donnait la vie. Que deviendra ce cabinet
sur la table duquel est encore étalé cet assemblage de décorations jadis ennemies par caractère, aujourd'hui confondues dans un oubli
complet : seront-elles anéanties, distribuées,

ou iront-elles parer la boutique d'un mar-
chand, ou enfin, prendront-elles place dans
un musée historique? M. de Talleyrand avait
reçu toutes les décorations existantes, et toutes
celles qui ont existé, depuis l'ordre de Saint-
Michel jusqu'au Soleil de Perse. Aussi, cette
table pourrait-elle tracer une géographie et
une chronologie naturelle, dans laquelle serait
seule oubliée la Belgique. Car ce pays n'avait
pas offert son Lion doré au lion diplomatique. M. de Talleyrand appréciait si bien les
choses à leur valeur, qu'il prenait celles-ci selon les temps et les lieux ; et que, lorsque aucun besoin politique ne lui conseillait une
croix plutôt qu'une autre, il les laissait toutes
sommeiller en paix. Aussi, eût-il, si la mort
ne se fût appesantie sur lui, retiré d'embarras
sur le choix de celles qui décoreraient son cercueil. Mais il fut indifférent sur ses derniers
momens, et n'avait pas été jusqu'à prévoir
l'importance de ces hochets au convoi d'un
prince.

CHAPITRE XIV.

<hr>

Appréciations phrénologiques sur M. de Talleyrand.

Le crâne de M. de Talleyrand, dénudé de ses tégumens, présente une belle conformation; l'ovale que forme le plan horizontal est régulier, la courbe supérieure bien modelée,

9

le front large et haut. Les empreintes ou crêtes osseuses servant à l'insertion des muscles sont légèremênt saillantes, les sinus frontaux modérément prononcés. La ligne moyenne séparant les deux hémisphères est aussi sensiblement saillante, l'ossification de la suture étant tellement complète qu'elle forme une légère crête, plus ou moins élevée dans ses différentes parties. A la réunion de l'occipital (derrière de la tête) et des pariétaux (parties latérales), il s'est fait un travail d'ossification dans les sutures; ce qui forme un bourrelet proéminent et qui empêcherait l'appréciation si l'on n'en savait tenir compte.

Le crâne a été ouvert au moyen de couronnes de trépan, appliquées à la région postérieure et latérale gauche dans une proportion suffisante pour que la main introduite puisse juger la conformation intérieure. L'ossification générale est d'une densité et d'une épaisseur ordinaires et qui appartiendraient à un sujet d'un âge moins avancé. Les dépressions internes répondent bien aux saillies externes, seulement toutes les circonvolutions sont accentuées par l'ossification et répondent à la profondeur.

Les enveloppes du cerveau n'étaient pas sensiblement injectées ; toute la pulpe cérébrale est blanche et d'une bonne consistance ; elle présente celle que l'on serait en droit de rencontrer chez un homme d'une quarantaine d'années.

La mensuration de la tête diversement dirigée donne les proportions suivantes :

N° 1. Circonférence générale ou horizontale de la partie inférieure de la crête occipitale aux sinus frontaux, 20 pouces 4 lignes.

N° 2. De la racine du nez au trou occipital en passant sur le sommet de la tête, 14 pouces.

N° 3. De la racine du nez au conduit auditif, 5 pouces 2 lignes.

N° 4. Du trou auditif à la ligne médiane de l'occipital, 4 pouces 1 ligne.

N° 5. Du trou auditif à la pointe de l'occipital, 5 pouces 3 lignes.

N° 6. D'une apophyse mastoïde à l'autre en passant sur le sommet de la tête, 12 pouces 8 lignes.

N° 7. D'un trou auditif à l'autre en passant sur la vénération, 11 pouces 2 lig.

N° 8. D'un trou auditif à la réunion des facultés réflectives avec les sentimens, 5 pouces 6 lignes.

Arrivons maintenant à l'appréciation particulière de chaque organe cérébral. En prenant 4 comme degré le plus élevé, et 1 comme le moins, nous aurons des valeurs comparatives pour apprécier les différens degrés d'accentuation. Pour bien comprendre cette appréciation, il sera bon, en suivant les indications de la planche, d'avoir sous les yeux le plâtre moulé sur le crâne, et de se servir du buste moulé avec les tégumens pour quelques organes qui ne peuvent y être apparens par les exigences de la préparation qui n'a pas permis de détacher la tête. Ces organes sont : la configuration, le langage, une partie de l'alimentivité et la biophilie, ainsi qu'une légère portion de l'amativité.

PENCHANS OU INSTINCTS.

A Alimentivité,...................... 2 1/2

X Biophilie, ou amour de la vie.... 2

1 Amativité......................... 3

2 Philogéniture.................... 3

3 Habitativité (concentrativité)..... 2

4 Affectionnivité (adhésivité)....... 2 1/2

5 Combativité...................... 3

6 Destructivité.................... 1 1/2

7 Secrétivité... .... 3 1/2

8 Acquisivité...................... 3

9 Constructivité................... 3..

SENTIMENS.

10 Estime de soi........................ 3

11 Approbativité..................... 2 1/2

12 Circonspection................... 4

13 Bienveillance..................... 3

14 Vénération........................ 1

15 Fermeté........................... 4

16 Conscienciosité................... 2 1/2

17 Espérance......................... 2 1/2

18 Merveillosité..................... 1 1/2.

19 Idéalité.......................... 2 1/2

20 Gaîté, esprit de saillie.......... 3

21 Imitation......................... 2 1/2

INTELLIGENCE.

Facultés perceptives.

22 Individualité.................... 3

23 Configuration.................... 2 1/2

24 Etendue.......................... 2

25 Pesanteur, résistance, tactilité..... 2
26 Coloris............................ 1 1/2
27 Localité........................... 3
28 Calcul............................. 2 1/2
29 Ordre 2
30 Eventualité........................ 3
31 Temps.............................. 1
32 Tons............................... 1 1/2
33 Langage............................ 2 1/2

Facultés réflectives.

34 Comparaison....................... 3
35 Causalité......................... 3 *

(*) Ces différentes estimations ont été faites par moi, en présence de M. le docteur Cogny, de M. Micard, pharmacien, de mon collègue, M. Florens, de M. le docteur Moreau de St-Ludgère et de M. Dupoty, directeur du *Journal du Peuple.* M. Guy, naturaliste, a opéré, sous ma direction, le moulage du buste, ainsi que celui du crâne, dont la dissection et la préparation m'avaient été confiées.   C. P.

CHAPITRE XV.

<hr>

M. de Talleyrand et les Phrénologistes.

La science de Gall en est arrivée à ce point
de complément qu'elle peut, en toute sûreté,
servir de règle au jugement des hommes surtout lorsqu'en qualité d'historiens ils sont
menés à l'appréciation d'un personnage

influent. Car on se trompe si l'on continue à penser que la doctrine que nous professons se borne à quelques qualifications conjecturales ou incertaines; elle constitue au contraire tout un ensemble de moyens propres à affermir l'opinion et à l'appuyer sur des renseignemens incontestables. L'opportunité fait le succès des entreprises; l'actualité détermine la réussite d'une doctrine. Aussi certaines organisations exceptionnelles qui ont fait saillie dans le monde qu'elles ont sillonné par un passage lumineux, appartiennent à la science et désormais, après le jugement des contemporains, il restera encore le jugement des savans. Car il faut bien le reconnaître, pas de valables accusations sans être éclairées positivement sur la nature des individus, pas de sociabilité sans la complète connaissance de son élément principal, l'humanité. M. de Talleyrand appartient donc à la science avant tout, et, pour que le portrait que l'histoire va buriner soit bien fait, il faut qu'elle en ait tracé l'empreinte sous tous les points de vue possibles, pour qu'elle en adopte le meilleur. Juger le personnage rien que par les actes et sans l'organisme, puissant excitateur de la vie active; ce serait procéder sans logique et sans raison. Au reste, cette manière peut être accusée de partialité et de passion, et un jugement définitif, pour qu'il soit bon, doit être dépourvu de toute influence contemporaine.

Il faudrait un cours tout entier pour reproduire aux lecteurs les raisons puissantes et les faits qui donnent à la phrénologie un caractère éminemment convenable; résumons, en peu de mots, sa nature et ses destinées.

Connaître l'intelligence, les sentimens et les instincts de l'homme, en fixer le siége, telle est la nature de la physiologie du cerveau et de la phrénologie. Cette connaissance acquise, l'utiliser pour le progrès et la perfection sociale, tel est le but qui lui est assigné. On interrogera donc désormais avec justice l'organisation physique de l'homme puisqu'on reconnaît une telle connexion entre l'activité de ses organes et de ses actes, que l'influence des uns ne peut être distraite de l'énergie des autres.

M. de Talleyrand laisse à la postérité la preuve incontestable des vérités physiologiques en même temps qu'un moyen d'appréciation avec lequel on ne peut errer sur son compte.

Nous avons vu que le cerveau de M. de Talleyrand était grand et bien développé, et si, pour un instant, nous voulons nier ses divisions ou la pluralité des organes, nous sommes portés, par la simple inspection, à reconnaître au moins que cet organe est bien le siége de l'intelligence. Qu'arrive-t-il, en effet, ordinairement chez les vieillards? cette masse nerveuse est ramollie, débile, peu nourrie et à circonvolutions amaigries; en même temps, l'intelligence est affaiblie, la mémoire pervertie, le jugement troublé. Chez M. de Talleyrand l'intelligence est dans toute son intégrité, et cependant il vient de compter sa quatre-vingt-quatrième année; mais, à l'autopsie, le cerveau présente la consistance et la force qu'on rencontre chez un homme de quarante, et ce phénomène est reconnu, quoique l'ouverture du crâne soit faite trois jours après la mort, laps de temps suffisant pour que la putréfaction modifie la qualité de la masse cérébrale.

Il faut donc, en phrénologie, non-seulement reconnaître le développement quant à la forme, mais la nature intime; il faut interroger toute l'organisation, aussi bien les viscères abdominaux que les conduits circulatoires; il faut, en un mot, connaître tout pour juger le tout. Le sang qui porte la vie serait-il donc sans influence? Cela est impossible; car, s'il est généreux, le cerveau comme le reste est vigoureux et actif; s'il est appauvri au contraire, ou dégénéré, le cerveau est impuissant et paralysé.

En marchant plus avant dans les données phrénologiques, nous arrivons à la division des facultés, et jamais la science phrénologiquo n'avait trouvé un plus éclatant exemple des vérités qu'elle enseigne; la phrénologie a procédé de deux manières pour s'établir, et on le concevra facilement : procéder du connu à l'inconnu, et de l'inconnu au connu; voilà ses deux moyens d'interrogation; dans ce fait, elle est confirmée. Résumons, en établissant un parallèle entre la vie de M. de Talleyrand et sa prédominance organique, son appréciation phrénologique, que le lecteur a parcourue plus haut.

Les organes agissent sur l'ensemble moral par leur activité ou leur impuissance, et de cette combinaison d'activité et d'inactivité résultent les nuances variées qui diversifient les races et les individus; enfin, les plus forts entraînent toujours dans l'association commune.

Les organes intellectuels sont bien développés; leur ensemble est complètement harmonieux; aussi l'intelligence chez M. de Talleyrand est-elle incontestable. L'esprit de

saillie étant développé et activé par la combativité, l'aurait entraîné dans une causticité
perpétuelle, si la secrétivité ou penchant à
cacher, ou la circonspection, n'en eût arrêté
les effets jusqu'à l'instant où le jugement en
ait bien apprécié la valeur.

La comparaison et la causalité, esprit phi-
losophique ou raison, l'ont porté à formuler
ces saillies ou axiômes qui acquéraient une
nouvelle force par la justesse des parallèles
qu'ils établissaient. Tout cet ensemble intellectuel eût fait de M. de Talleyrand un homme
d'esprit seulement, s'il n'avait été au service
d'instincts et de sentimens puissans.

M. de Talleyrand servit tous les gouverne-
mens; il sut le pourquoi de leur faiblesse, et
les quitta quand le vent de l'adversité les entraîna dans l'abîme. Il n'en aima aucun plus
qu'un autre, et celui qui existait était pour lui
celui qui avait raison. Dans le rôle éminent
qu'il joua dans cette longue comédie, car il
était toujours grimé selon les époques et les

temps, il sut cacher sa pensée en la faisant prévaloir. Ici, nous voyons prédominer deux organes, l'un instinctif et agissant par sa propre force, la secrétivité; l'autre déjà plus éclairé, un sentiment, la circonspection. On peut dire que ces deux organes, par leur puissance, comme la vénération par son atrophie, et l'esprit de conscience par sa faiblesse, ont été les principaux modificateurs de son individualité. Toute sa vie publique, puissante par la ruse et l'adresse, est là pour confirmer le jugement phrénologique. C'est à cette absence de la vénération, comme aussi à l'énergie de la volonté, qu'il a dû d'agir sans passion, arrivant lentement, mais sûrement au but. Aussi puissant par cette lutte de finesse et d'astuce, que Napoléon l'était par la force brutale et l'indomptable opiniâtreté, il est parvenu, aussi bien que le conquérant, à tenir dans sa dépendance les rois de l'Europe.

L'empereur brisait de sa botte éperonnée les diadèmes tombés; Talleyrand lançait le

sarcasme et la raillerie. S'il n'eut pas de conviction politique, il ne pouvait en avoir davantage en religion ; car, outre qu'il n'avait
pas ce penchant à la théosophie, la vénération,
il n'avait pas non plus le merveilleux qui,
grandissant les choses, pare d'une imaginaire
puissance l'interrogation que fait l'esprit à la
cause première de toutes choses, à Dieu !
Bienveillant quand il n'était pas irrité, il
était, on peut dire, tolérant, comme aussi il
était affectueux dans la vie intime et pour les
gens de sa maison. La faiblesse de développement du sentiment de patrie, ou l'instinct à
habiter un lieu déterminé, l'eût rendu volontiers cosmopolite si ses intérêts et sa naissance n'eussent fixé son domicile social dans
la France qu'il défendait à l'étranger en
homme d'affaires ou en procureur. Il aimait
la famille et les enfans, aussi portait-il une
tendresse particulière à sa petite-nièce, dont
la présence lui faisait oublier les souffrances
de ses derniers momens. M. de Talleyrand,

comme faculté perceptive, ou comme faculté de relation, possédait l'expression juste, le mot propre. Il avait la valeur exacte d'un fait, et reconnaissait rapidement ceux qu'il n'avait vus que rarement; coup-d'œil actif, bien que louvoyant pour ne pas trahir sa pensée, et qui lui donnait le temps de choisir les termes de son accueil. Dans les arts, il était peu sensible à la musique qu'il ne comprenait pas, et cependant il pensionnait de jeunes musiciens, afin qu'ils fissent de bonnes études, œuvre d'autant plus méritante, qu'elle n'était pas le résultat d'un égoïsme artistique, mais bien d'une bienveillance personnelle. Les objets de dessin et surtout ceux qui se distinguaient éminemment par la forme, lui plaisaient davantage. J'ai dit, à l'occasion de l'hygiène suivie par M. de Talleyrand, qu'il aimait la bonne chère. En effet, il avait l'instinct de l'alimentivité éclairée par l'intelligence, comme l'amour physique s'annoblit par l'affectionivité, et, à propos de cet organe, l'amativité, il n'est

pas douteux que les vœux du célibat, s'il se
fût trouvé assez sot pour les tenir, n'eussent
été pour lui des causes de déplaisir, et de par
le monde on parle encore des amours de l'ex-
évêque d'Autun ; toujours est-il que cet instinct ne fut que secondaire dans la direction
de sa vie et qu'il était trop intellectuel pour
être libertin. Si M. de Talleyrand aimait à
acquérir, sa raison mettait des bornes suffisantes à cet instinct puissant ; ce qu'il tenait,
il le tenait bien, mais il savait aussi être généreux ; et sans vouloir le comparer au bri-
gand de Schiller, on peut dire qu'il prenait
aux grands ce qu'il donnait aux petits. Il
avait la conviction de lui-même, et, par contre,
l'estime de lui, aussi tenait il peu à l'opinion
des autres ; cependant, ce sentiment, qui
s'appelle l'amour-propre, était toujours sous
la dépendance des deux rois de son organisation, la ruse et le secret.

Bien des écrivains ont déjà fait le portrait
moral du prince Maurice de Talleyrand :

les uns ont encensé sa mémoire et fait ressortir trop vivement par leurs éloges outrés ses imperfections ; les autres, au contraire, en jetant sur sa cendre un anathème trop sévère, ont peut-être intéressé plus vivement qu'il n'est juste à sa personne qui ne devra jamais servir de modèle, bien qu'en dépouillant certains défauts on trouve encore à glaner quelques vertus. M. de Talleyrand sortait de cette école, le moi, qui s'associait si bien à ses penchans. Il chercha à être utile aux autres pourvu qu'il le fût à lui-même ; mais il eut toujours ignoré cette belle loi du dévouement, et bien qu'il ait écrit sur les exigences du devoir, qui, à son dire, furent sa règle, il eut avec lui des accommodemens, car son esprit sut toujours tirer parti de toutes choses, même des choses sacrées. On peut dire qu'il a fait école sans faire d'écolier, du moins quant à présent, car pas un de nos diplomates actuels n'aura sa circonspection, son adresse et surtout sa volonté, personne ne sera maître comme lui de ses pensées avec lesquelles il savait soumettre les autres sans se soumettre lui-même; lui qui, au milieu des plus grands embarras, paraissait traiter l'affaire la plus simple et la moins importante du monde. Nous avons vu plus haut que le catholicisme a échoué près de lui; en effet, il ne pouvait pas être un disciple fervent, il était de ces hommes qui voient les ridicules ou les vices sans se plaindre ou les blâmer, qui n'approuvent ni n'improuvent, et restent neutres tant qu'ils sont inattaqués.

Pour nous résumer phrénologiquement, c'est la ruse et la circonspection servies par une haute intelligence, s'appuyant sur la causticité combative, et tempérée par les sympathies de famille, mais sans penchant à l'association par les devoirs sacrés du dévouement.

CHAPITRE XVI.

CONCLUSION.

Nous ne saurions mieux terminer ce mémoire qu'en mettant de nouveau sous les yeux de nos lecteurs, le discours prononcé par M. de Talleyrand, le 30 mars dernier, à l'Institut des sciences morales. On a dit qu'un auteur se peint dans ses œuvres ; en effet, ici l'auteur, qui n'était pas coutumier du fait, se décèle malgré lui ; il semble prendre des conclusions sur son propre compte, et présageant le jugement de la postérité, il se juge lui-même : lui qui disait qu'en *politique il n'y avait pas de principes, il n'y avait que des intérêts ; que, dans les cas difficiles, le moins mauvais était le meilleur.* Il se trahit et lance un démenti à cette pensée qui l'a toujours dominé ; il s'écrie : « On ne sait pas assez tout ce qu'il y a de puissance dans ce sentiment du devoir ; » il aurait dû dire : Je ne sais pas assez... Ce discours est à méditer, car il renferme les dernières paroles d'un homme qui a beaucoup vécu. Ces paroles sont une invocation tremblante à la postérité dont personne, la tête haute, n'affronte les jugemens, tant il est peu dans la nature humaine d'avoir la certitude qu'on n'a jamais failli.

Discours prononcé par M. de Talleyrand, le 30 mars 1838.

Messieurs,

J'étais en Amérique, lorsqu'on eut la bonté de me nommer membre de l'Institut, et de m'attacher à la classe des sciences morales et politiques à laquelle j'ai, depuis son origine, l'honneur d'appartenir.

A mon retour en France, mon premier soin fut de me rendre à ses séances, et de témoigner aux personnes qui la composaient alors, et dont plusieurs nous ont laissé de justes regrets, le plaisir que j'avais de me trouver un de leurs collègues. A la première séance à laquelle j'assistai, on renouvelait le bureau, et on me fit l'honneur de me nommer secrétaire. Le procès-verbal que je rédigeai pendant six mois avec autant de soin que je le pouvais, portait, peut-être un peu trop, le caractère de ma déférence ; car j'y rendais compte d'un travail qui m'était fort étranger. Ce travail, qui, sans doute, avait coûté bien des recherches, bien des veilles à un de nos plus savans collègues, avait pour titre : *Dissertations sur les lois ripuaires.* Je fis aussi, à la même époque, dans nos assemblées publiques, quelques lectures que l'indulgence, qui m'était accordée alors, a fait insérer dans les Mémoires de l'Institut. Depuis cette époque, quarante années se sont écoulées, durant lesquelles cette tribune m'a été comme interdite, d'abord par beaucoup d'absences, ensuite par des fonctions auxquelles mon devoir était d'appartenir tout entier ; je dois dire aussi, par la discrétion que les temps difficiles exigent d'un homme livré aux affaires; et enfin, plus tard, par les infirmités que la vieillesse amène d'ordinaire avec elle, ou du moins qu'elle aggrave toujours.

Mais aujourd'hui, j'éprouve le besoin et je regarde comme un devoir de m'y présenter une dernière fois, pour que la mémoire d'un homme connu dans toute l'Europe , d'un homme que j'aimais, et qui, depuis la formation de l'Institut, était notre collègue, reçoive ici un témoignage public de notre estime et de nos regrets. Sa position et la mienne me mettent dans le cas de révéler plusieurs de ses mérites. Son principal, je ne dis pas son unique titre de gloire, consiste dans une correspondance de quarante années, nécessairement ignorée du public, qui, très-probablement, n'en aura jamais connaissance. Je me suis dit : Qui en parlera dans cette enceinte ? qui sera surtout dans l'obligation d'en parler, si ce n'est moi, qui en ai reçu la plus grande part, à qui elle fut toujours si agréable, et souvent si utile dans les fonctions ministérielles que j'ai eues à remplir sous trois règnes... très-différens?

Le comte Reinhard avait trente ans, et j'en avais trente-sept quand je le vis pour la première fois. Il entrait aux affaires avec un grand fonds de connaissances acquises. Il savait bien cinq ou six langues dont les littératures lui étaient familières. Il eût pu se rendre célèbre comme poète, comme historien, comme géographe ; et c'est en cette qualité qu'il fut membre de l'Institut, dès que l'Institut fut créé.

Il était déjà, à cette époque membre de l'Académie des sciences de Goëttingue. Né et élevé en Allemagne, il avait publié dans sa jeunesse quelques pièces de vers qui l'avaient fait remarquer par Gesner, par Wieland, par Schiller. Plus tard, obligé pour sa santé de prendre les eaux de Carlsbad, il eut le bonheur d'y trouver et d'y voir souvent le célèbre Goëthe, qui apprécia assez son goût et ses connaissances pour désirer d'être averti par lui de tout ce qui faisait quelque sensation dans la littérature française. M. Reinhard le lui promit : les engagemens de ce genre, entre les hommes d'un ordre supérieur, sont toujours réciproques et deviennent bientôt des liens d'amitié; ceux qui se formèrent entre M. Reinhard et

Goëthe donnèrent lieu à une correspondance que l'on imprime aujourd'hui en Allemagne.

On y verra ; qu'arrivé à cette époque de la vie où il faut définitivement choisir l'état auquel on se croit le plus propre, M. Reinhard fit lui-même, sur ses goûts, sur sa position et sur celle de sa famille un retour sérieux qui précéda sa détermination ; et alors, chose remarquable pour le temps, à des carrières où il eût pu être indépendant, il en préféra une où il ne pouvait l'être. C'est à la carrière diplomatique qu'il donna la préférence, et il fit bien : propre à tous les emplois de cette carrière, il les a successivement tous remplis, et tous avec distinction.

Je hasarderai de dire ici que ses études premières l'y avaient heureusement préparé. Celle de la théologie surtout, où il se fit remarquer dans le séminaire de Denkendorf et dans celui de la Faculté protestante de Tubingue, lui avait donné une force et en même

temps une souplesse de raisonnement que
l'on retrouve dans toutes les pièces qui sont
sorties de sa plume. Et pour m'ôter à moi-
même la crainte de me laisser aller à une idée
qui pourrait paraître paradoxale, je me sens
obligé de rappeler ici les noms de plusieurs
de nos grands négociateurs, tous théologiens,
et tous remarqués par l'histoire comme ayant
conduit les affaires politiques les plus importantes de leurs temps : le cardinal chancelier
Duprat, aussi versé dans le droit canon que
dans le droit civil, et qui fixa avec Léon x les
bases du concordat, dont plusieurs dispositions subsistent encore aujourd'hui. — Le
cardinal d'Ossat, qui, malgré les efforts de
plusieurs grandes puissances, parvint à ré-
concilier Henri iv avec la cour de Rome. Le
recueil de lettres qu'il a laissé est encore pres-
crit aujourd'hui aux jeunes gens qui se des-
tinent à la carrière politique. — Le cardinal
de Polignac, théologien, poète et négociateur,
qui, après tant de guerres malheureuses, sut

conserver à la France, par le traité d'Utrecht, les conquêtes de Louis xiv.

C'est aussi au milieu de livres de théologie qu'avait été commencée par son père, devenu évêque de Gap, l'éducation de M. de Lyonne, dont le nom vient de recevoir un nouveau lustre par une récente et importante publication.

Les noms que je viens de citer me paraissent suffire pour justifier l'influence qu'eurent, dans mon opinion, sur les habitudes d'esprit de M. Reinhard, les premières études vers lesquelles l'avait dirigé l'éducation paternelle.

Les connaissances à la fois solides et variées qu'il y avait acquises l'avaient fait appeler à Bordeaux pour remplir les honorables et modestes fonctions de précepteur dans une famille protestante de cette ville.

Là, il se trouva naturellement en relation avec plusieurs des hommes dont le talent, les erreurs et la mort jetèrent tant d'éclat sur

notre première assemblée législative. M. Reinhard se laissa facilement entraîner par eux à
s'attacher au service de la France.

Je ne m'astreindrai point à le suivre pas à
pas à travers les vicissitudes dont fut remplie
la longue carrière qu'il a parcourue. Dans les
nombreux emplois qui lui furent confiés,
tantôt d'un ordre élevé, tantôt d'un ordre inférieur, il semblerait y avoir une sorte d'in-
cohérence, et comme une absence de hiérar-
chie que nous aurions aujourd'hui de la peine
à comprendre. Mais, à cette époque, il n'y avait
pas plus de préjugés pour les places qu'il n'y
en avait pour les personnes. Dans d'autres
temps, la faveur, quelquefois le discernement,
appelaient à toutes les situations éminentes.
Dans le temps dont je parle, bien ou mal,
toutes les situations étaient conquises. Un
pareil état de choses mène bien vite à la confusion.

Aussi, nous voyons M. Reinhard, premier
secrétaire de la légation à Londres. — Occu-

pant le même emploi à Naples. — Ministre plénipotentiaire auprès des villes hanséatiques, Hambourg, Bremen et Lubeck.—Chef de la 3ᵉ division au département des affaires étrangères. — Ministre plénipotentiaire à Florence. — Ministre des relations extérieures. — Ministre plénipotentiaire en Helvétie. — Consul général à Milan. — Ministre plénipotentiaire près le cercle de Basse-Saxe. — Résident dans les provinces turques au-delà du Danube et commissaire général des relations commerciales en Moldavie. — Ministre plénipotentiaire auprès du roi de Westphalie. — Directeur de la chancellerie du département des affaires étrangères. — Ministre plénipotentiaire auprès de la diète germanique et de la ville de Francfort, et enfin, Ministre plénipotentiaire à Dresde.

Que de places, que d'emplois, que d'intérêts confiés à un seul homme, et cela, à une époque où les talens paraissaient devoir être d'autant moins appréciés que la guerre semblait, à elle seule, se charger de toutes les affaires.

Vous n'attendez donc pas de moi, Messieurs, qu'ici je vous rende compte en détail, et date par date, de tous les travaux de M. Reinhard dans les différens emplois dont vous venez d'entendre l'énumération. Il faudrait faire un livre.

Je ne dois parler, devant vous, que de la manière dont il comprenait les fonctions qu'il avait à remplir, qu'il fut chef de division, ministre ou consul.

Quoique M. Reinhard n'eût point alors l'avantage qu'il aurait eu quelques années plus tard, de trouver sous ses yeux d'excellens modèles, il savait déjà combien de qualités, et de qualités diverses, devaient distinguer un chef de division des affaires étrangères. Un tact délicat lui avait fait sentir que les mœurs d'un chef de division devaient être simples, régulières, retirées : qu'étranger au tumulte du monde, il devait vivre uniquement pour les affaires et leur vouer un secret impénétrable : que, toujours prêt à répondre sur les faits et sur les hommes, il devait avoir sans cesse présens à la mémoire tous les traités, connaître historiquement leurs dates, apprécier avec justesse leurs côtés forts et leurs côtés faibles, leurs antécédens et leurs conséquences, savoir enfin les noms des principaux négociateurs, et même leurs relations de famille; que, tout en faisant usage de ces connaissances, il devait prendre garde à inquiéter l'amour-propre toujours si clairvoyant du ministre, et qu'alors même qu'il l'entraînait à son opinion, son succès devait rester dans l'ombre : car il savait qu'il ne devait briller que d'un éclat réfléchi, mais il savait aussi que beaucoup de considération s'attachait à une vie aussi pure et aussi modeste.

L'esprit d'observation de M. Reinhard ne s'arrêtait point là : il l'avait conduit à comprendre combien la réunion des qualités nécessaires à un ministre des affaires étrangères est rare. Il faut en effet qu'un ministre des affaires étrangères soit doué d'une sorte d'instinct qui, l'avertissant promptement, l'empêche, avant toute discussion, de jamais se compromettre. Il lui faut la faculté de se montrer ouvert en restant impénétrable, d'être réservé avec les formes de l'abandon, d'être habile jusque dans le choix de ses distractions: il faut que sa conversation soit simple, variée, inattendue, toujours naturelle et parfois naïve; en un mot, il ne doit pas cesser un moment, dans les vingt-quatre heures, d'être ministre des affaires étrangères.

Cependant, toutes ces qualités, quelque rares qu'elles soient, pourraient n'être pas suffisantes, si la bonne foi ne leur donnait une garantie dont elles ont presque toujours besoin. Je dois le rappeler ici, pour détruire un préjugé assez généralement répandu : — Non, la diplomatie n'est point une science de ruse et de duplicité. Si la bonne foi est néces-

saire quelque part, c'est surtout dans les transactions politiques, car c'est elle qui les rend
solides et durables. On a voulu confondre la
réserve avec la ruse. La bonne foi n'autorise.
jamais la ruse, mais elle admet la réserve : et
la réserve a cela de particulier, c'est qu'elle
ajoute à la confiance.

Dominé par l'honneur et l'intérêt de son
pays, par l'honneur et l'intérêt du prince,
par l'amour de la liberté, fondé sur l'ordre
et sur les droits de tous, un ministre des
affaires étrangères, quand il sait l'être, se
trouve ainsi placé dans la plus belle situation à laquelle un esprit élevé puisse pré-
tendre.

Après avoir été un ministre habile, que
de choses il faut encore savoir pour être un
bon consul! Car les attributions d'un consul
sont variées à l'infini; elles sont d'un genre
tout différent de celles des autres employés
des affaires étrangères. Elles exigent une
foule de connaissances pratiques pour les-

quelles une éducation particulière est nécessaire. Les consuls sont dans le cas d'exercer dans l'étendue de leur arrondissement,
vis-à-vis de leurs compatriotes, les fonctions
de juges, d'arbitres, de conciliateurs; souvent, ils sont officiers de l'état civil; ils rem-
plissent l'emploi de notaires, quelquefois celui d'administrateurs de la marine; ils sur-
veillent et constatent l'état sanitaire; ce sont
eux qui, par leurs relations habituelles, peuvent donner une idée juste et complète de
la situation du commerce, de la navigation
et de l'industrie particulière au pays de leur
résidence. Aussi, M. Reinhard, qui ne né-
gligeait rien pour s'assurer de la justesse des
informations qu'il était dans le cas de donner
à son gouvernement, et des décisions qu'il
devait prendre comme agent politique,
comme agent consulaire, comme administrateur de la marine, avait-il fait une étude
approfondie du droit des gens et du droit
maritime. Cette étude l'avait conduit à croire

qu'il arriverait un temps où, par des combinaisons habilement préparées, il s'établirait un système général de commerce et de navigation dans lequel les intérêts de toutes les nations seraient respectés, et les bases fussent telles que la guerre elle-même n'en pût altérer le principe, dût-elle suspendre quelques-unes de ses conséquences. Il était aussi parvenu à résoudre avec sûreté et promptitude toutes les questions de change, d'arbitrage, de conversion des monnaies, de poids et mesures, et tout cela sans que jamais aucune réclamation se soit élevée contre les informations qu'il avait données et contre les jugemens qu'il avait rendus. Il est vrai aussi que la considération personnelle qui l'a suivi dans toute sa carrière donnait du poids à son intervention dans toutes les affaires dont il se mêlait et à tous les arbitrages sur lesquels il avait à prononcer.

Mais, quelque étendues que soient les connaissances d'un homme, quelque vaste que soit sa capacité, être un diplomate complet est bien rare; et cependant M. Reinhard l'aurait peut-être été, s'il eût eu une qualité de plus; il voyait bien, il entendait bien; la plume à la main, il rendait admirablement compte de ce qu'il avait vu, de ce qui lui avait été dit. Sa parole écrite était abondante, facile, spirituelle, piquante; aussi, de toutes les correspondances diplomatiques de mon temps, il n'y en avait aucune à laquelle l'empereur Napoléon, qui avait le droit et le besoin d'être difficile, ne préférât celle du comte Reinhard. — Mais ce même homme qui écrivait à merveille s'exprimait avec difficulté. Pour accomplir ses actes, son intelligence demandait plus de temps qu'elle n'en pouvait obtenir dans la conversation. Pour que sa parole interne pût se reproduire facilement, il fallait qu'il fût seul et sans intermédiaire.

Malgré cet inconvénient réel, M. Reinhard

réussit toujours à faire, et bien faire, tout ce dont il était chargé. Où donc trouvait-il ses moyens de réussir, où prenait-il ses inspirations?

Il les prenait, Messieurs, dans un sentiment vrai et profond qui gouvernait toutes ses actions, dans le sentiment du devoir. — On ne sait pas assez tout ce qu'il y a de puissance dans ce sentiment. Une vie tout entière au devoir est bien aisément dégagée d'ambition. La vie de M. Reinhard était uniquement employée aux fonctions qu'il avait à remplir, sans que jamais chez lui il y eût trace de calcul personnel ni de prétention à quelque avancement précipité.

Cette religion du devoir, à laquelle M. Reinhard fut fidèle toute sa vie, consistait en une soumission exacte aux instructions et aux ordres de ses chefs; dans une vigilance de tous les momens, qui, jointe à beaucoup de perspicacité, ne les laissait

12

jamais dans l'ignorance de ce qu'il leur importait de savoir; en une rigoureuse véracité dans tous ses rapports, qu'ils dussent être agréables ou déplaisans; dans une discrétion impénétrable, dans une régularité de vie qui appelait la confiance et l'estime; dans une représentation décente, enfin dans un soin constant à donner, aux actes de son gouvernement, la couleur et les explications que réclamait l'intérêt des affaires qu'il avait à traiter.

Quoique l'âge eût marqué pour M. Reinhard le temps du repos, il n'aurait jamais demandé sa retraite, tant il aurait craint de montrer de la tiédeur à servir dans une carrière qui avait été celle de toute sa vie. Il a fallu que la bienveillance royale, toujours si attentive, fût prévoyante pour lui, et donnât à ce grand serviteur de la France la situation la plus honorable en l'appelant à la chambre des pairs.

M. le comte Reinhard n'a pas joui assez

long-temps de cet honneur, et il est mort presque subitement le 25 décembre 1857.

M. Reinhard s'était marié deux fois. Il a laissé du premier lit un fils qui est aujourd'hui dans la carrière politique. Au fils d'un tel père, tout ce qu'on peut souhaiter de mieux, c'est de lui ressembler.

FIN.